天下无谋

祝马殿 编著

孔學堂書局

图书在版编目（CIP）数据

天下无谋 / 祝马殿编著. -- 贵阳：孔学堂书局，
2025.3. -- ISBN 978-7-80770-644-1

Ⅰ．C934-49

中国国家版本馆CIP数据核字第2024892YM2号

天下无谋
祝马殿　编著
TIANXIA WUMOU

责任编辑：黄文华　练　军
责任印制：张　莹

出版发行：贵州日报当代融媒体集团
　　　　　孔学堂书局
地　　址：贵阳市乌当区大坡路26号
印　　刷：三河市刚利印务有限公司
开　　本：787mm×1092mm　1/16
字　　数：201千字
印　　张：14.5
版　　次：2025年3月第1版
印　　次：2025年3月第1次
书　　号：ISBN 978-7-80770-644-1
定　　价：49.90元

版权所有·翻印必究

图书若有质量问题，请拨打以下电话进行调换。
电话：010-59625116

前言

真正的学问文章，不是学历、职称，而是世事、人情。如果不了解世道人心，不精通人情世故，极可能处处受制于人。如此处境，生存尚且艰难，又如何安身立命，实现心中的抱负？

在中华五千年的历史长河中，道德与道术互为表里，构成了两条清晰的脉络：一是做人的智慧，一是做事的谋略。

儒家文化指导人们如何成为君子，君子在治国、平天下的过程中，难免会卷入复杂而残酷的社会生存斗争，遭遇挫折打击，与小人周旋。仅靠高尚的品格很难成功，还必须懂得斗争的方法和策略：既要懂得做人的智慧，也要懂得做事的谋略。

春秋战国时期，百家争鸣，儒家倡导仁义，法家、兵家、纵横家则重视策略权谋，至汉武帝罢黜百家、独尊儒术，将谋略之术视为旁门左道。但是在现实的社会生活中，小到人际交往，大到政治军事，人们都在借助韬略智谋来追求成功。《三国志》记载，刘备曾对诸葛亮说："欲信大义于天下，而智术浅短，遂用猖獗，至于今日。"他虽然想重振仁义于天下，可是缺乏谋略，所以一再遭遇失败。

胸藏丘壑、善用谋略者往往能转败为胜，化逆境为坦途，平步青云，成就大事业。从这个角度讲，中国两千多年的历史，无异于一部谋略史，生活在现代社会的我们，也很难摆脱几千年来形成的游戏规则的影响。

物竞天择，适者生存，面对越来越激烈的生存竞争，谁最先了解游戏规则，谁就能抢占先机，少走弯路，更快取得成功。"一灯能除千年暗，一智能灭万年愚"，为让更多人领悟传统谋略的精髓，我们精选了《孙子兵法》《鬼谷子》《韩非子》《素书》《予学》《止学》《长短经》《度心术》《忍经》《三十六计》《权谋残卷》《挺经》等12部谋略经典进行解读。

这些代代相传的谋略，是前人蘸着血泪总结而成的，直指人性的弱点。为了能更好地学习利用这些入世谋略，我们汲取每部经典的精华，结合翔实案例，详尽分析，教你洞察人心，避开人性丛林中的陷阱，占据谋略的制高点，从容地行走于生活、职场等不同场合，最终成事。

天下无谋。谋略，无论是阴谋，还是阳谋，本无好坏、正邪之分，关键在于何人在用，用来做什么。谋略只是我们生存的手段，人不是为谋略而生。沉迷于玩弄谋略，可能玩火自焚。唯有谋取正道，才能攻无不克。

目录

孙武《孙子兵法》：兵不厌诈，人生无规则

多算，精算，握紧人生主动权 / 002
因敌制胜，看对象采取最佳对策 / 004
攻其不备，出奇制胜 / 006
每个人都有自己的野心，切忌外露 / 008
奇正相生，在变化中立于不败之地 / 010
以迂为直，以退为进 / 012
少依赖朋友，多利用敌人 / 014
利而诱之，乱而取之 / 016
知己知彼，博取利益最大化 / 018

鬼谷子《鬼谷子》：操三寸之舌，玩转人生棋局

巧言"钓语"，抓住对方破绽 / 022
依人设辞，见鬼不说人话 / 024
障眼有道，言在此意在彼 / 026
飞箝有术，蛇打七寸 / 029
出门看天色，进门看眼色 / 031
急事缓做，探清虚实再言语 / 034
言多必失，管好自己的嘴巴 / 036
绵里藏针，威胁话舒服说 / 038

韩非子《韩非子》：法术势三位一体管理

铁腕树威，紧握权势 /042
各司其职，不在其位，不谋其政 /044
高处不胜寒，警惕捧杀 /046
保持距离，权威需要神秘氛围 /048
授权不是弃权，授中有控 /050
一山不容二虎，掌控权力制衡 /052
公私有别，私怨不入公门 /054
赏罚得当，天平的砝码偏不得 /056
利益相诱，而非空言相许 /058

黄石公《素书》：体察人性，洞明世事

改变自己，适应现实 /062
成本最低的人情投资 /063
小胜靠智，大胜靠德 /065
真正的学问不都在书本上 /068
处逆境，当做潜龙 /069
成大事者，不拘泥于小事小节 /071

许劭《子学》：大成功需要大施与

没有什么比生命和希望更重要 / 074

患得患失，损失更大 / 076

人间清醒，不贪天之功 / 078

先给还是先取，算盘精打 / 080

关系之树，要时时浇灌 / 082

成功无定法，利己还要利人 / 084

天降之福，不可轻取 / 086

文中子《止学》：破解命运密码

保持低调，才能避免树大招风 / 090

机关算尽太聪明，反算了卿卿性命 / 092

留好退路，时时做好上岸的打算 / 095

真理不必称扬，做人不必标榜 / 097

立功是好事，功高震主却不是好事 / 100

压力面前，不妨后退一步 / 102

原谅别人，也是放过自己 / 105

赵蕤《长短经》:长短一本读人经

察人识人,神骨为先 /110
观色识人,心思可见 /111
相由心生,善恶面上观 /114
人有好恶,先入为主多臆断 /117
识人非相人,日久见人心 /120
才能参差,合适的事给合适的人 /122
用人用其所长,不必求全责备 /124

李义府《度心术》:蛇打七寸,驭人驭心

人心叵测,留心防暗算 /128
对愚人用欺骗,对智者用柔诚 /130
重赏多勇,屈人之心用大赏 /133
心理认同,情感攻心 /135
宽恕比才能更能让对方心服 /137
想放弃先放纵,想利用就笼络 /138
捧杀比棒杀更有效 /141

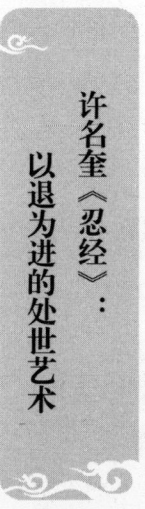

许名奎《忍经》：以退为进的处世艺术

该慢的时候就要慢，该等的时候就要等 / 144

不要用别人的错误惩罚自己 / 146

喜怒之情不要随意流露 / 149

听人劝，吃饱饭 / 151

地位低时，不挑三拣四 / 153

身份高贵要惜福 / 156

权力，是一柄双刃剑 / 158

温柔乡里失江山 / 159

《三十六计》：阴阳变化，博弈最佳策略

趁火打劫：就势取利，乱中取胜 / 164

上屋抽梯：断其后援，逼其选择 / 166

远交近攻：利从近取，害以远隔 / 168

树上开花：借局布势，力小势大 / 169

借刀杀人：不必亲行，坐享其利 / 172

借尸还魂：用别人的资源办自己的事 / 174

苦肉计：假戏真做，以假乱真 / 177

张居正《权谋残卷》：游刃于权力场

背靠大树好乘凉 / 182
居安思危，多为自己找几条退路 / 184
把绊脚石变成垫脚石 / 186
画饼吊胃口，勾起他非做不可的欲望 / 189
挠心窝子，消除对方心理防线 / 191
走一步想三步，才不会被将死 / 193
隐藏自身立场，使冲突消弭于无形 / 195
被冷遇不灰心，他烦我不烦 / 198

曾国藩《挺经》：人生，挺住意味着一切

有无吃硬之心，决定人生高下 / 202
术，是一种人生智慧 / 204
争强好胜，不是与人斗恶斗狠 / 206
养成浑厚之态，助你走得更远 / 209
高明由于天分，精明在于学问 / 210
建议可以听，决断自己下 / 213
关键时刻要挺得住 / 215
养精蓄锐，为前进做好准备 / 216
赢得人生的持久战 / 218

孙武《孙子兵法》：兵不厌诈，人生无规则

《孙子兵法》是我国历史上现存最早的兵书。它不仅是一本军事著作，而且深入地研究了人的本质和斗争的哲学。"兵者，诡道也"，这句话道出了战争的诡诈本质。然而，诡诈并非仅限于战场，在复杂的人类社会中，要想生存和发展，同样需要掌握谋略的智慧。

多算,精算,握紧人生主动权

智谋原典

夫未战而庙算胜者,得算多也;未战而庙算不胜者,得算少也。多算胜,少算不胜,而况于无算乎!吾以此观之,胜负见矣。

——《孙子兵法·计篇》

译文

在交战之前,如果经过周密筹划,就有较大的把握获胜;如果事先考虑不周,获胜的把握就很小。计划周密就能取胜,推算不严谨就不能取胜,更何况根本不筹划呢?我根据这些来观察,就可以判定胜负了。

用兵讲究深谋远虑,事先筹划。《孙子兵法》开篇之计,就讲到了多算胜、少算不胜的重要性。想有一番作为,做事一定要有远见,全盘筹划。深谋远虑才能占据优势,获得长远利益。

汉高祖刘邦建立汉朝后不久,淮南王英布兴兵反叛。

汉高祖问薛公:"英布能征善战,我亲率大军前去平叛,你认为胜败如何?"

薛公回答:"陛下一定会取胜。英布反叛后,可能会做出三种决策。"

汉高祖道:"你具体讲讲。"

薛公说:"东取吴,西取楚,北并齐鲁,将燕赵纳入自己的势力范围,然后固守自己的封地以待陛下。这样,陛下也奈何不了他,这是上策。"

汉高祖又问:"第二种对策呢?"

薛公说:"东取吴,西取楚,夺取韩、魏,保住粮食,以重兵守卫成皋,断绝入关之路。这样的话,陛下与他难决胜负。这是中策。"

汉高祖说:"那么下策是什么呢?"

薛公说:"东取吴,西取下蔡,将重兵置于淮南。我料到英布必用此策,所以陛下只要长驱直入,定能大获全胜。"

汉高祖又问道:"你是怎么知道英布必用下策呢?"

薛公道:"英布本是一个刑徒,虽有勇但无谋,鼠目寸光,只知道为眼前的利益考虑,所以我想他一定会选用此策。"

于是,汉高祖亲率大军挥师急进,英布果真选了薛公所说的下策,结果落荒而逃。

汉高祖刘邦能平定叛乱,凭借的是运筹帷幄,考虑到了多种情况;英布最终落败,就败在不知精心谋划上。善于谋算者,就能把握先机,掌握主动。

用兵作战讲究"庙算",在日常生活以及商业竞争中,把目光放远,事前充分谋划,也十分重要。春秋时期人们就已经懂得"旱则资舟,水则资车"的原则,即在天气大旱的时候,即使江河断流,也不要一哄而上去做车子的生意,而是要投资舟船的买卖。同理,发生水患时,也不要急着做舟船的生意,而应着手做车子的经营,说白了,就是做事要有前瞻性,对事物今后的发展状况进行全面合理的分析,并提前想好对策,而绝对不能目光短浅,因小失大。

正如一位作家所说:"人生如下棋,深谋远虑者胜。"只要多算、精算、算在人先,就能占据主动,明确目标,信心十足地去迎接挑战。

有谋略,有远见,深刻认识到事先筹划在成功中的重要地位和作用,谋得深,虑得远,才会获得更多成就和更长远的利益,才能拥有成功的人生。

因敌制胜，看对象采取最佳对策

智谋原典

水因地而制流，兵因敌而制胜。故兵无常势，水无常形。能因敌变化而取胜者，谓之神。

——《孙子兵法·虚实篇》

译文

水根据地势来决定流向，军队根据敌情来采取制胜的方略。所以用兵作战没有一成不变的态势，正如流水没有固定的形状和去向。能够根据敌情的变化而取胜，就是用兵如神。

世间事物都是不断发展变化的。

不论是生活中，还是战场上，任何策略、措施都不可一成不变，而必须根据瞬息万变的形势和面对对象的不同而变化。墨守成规，按图索骥，只能失败。

春秋时期，戎狄人经常侵扰晋国的北部地区。晋平公十七年（前541），荀吴奉晋侯之命讨伐戎狄。可部队一到戎狄之地，就吃尽了苦头。那里沟壑交错，道路崎岖，战车和士兵挤在一起，稍不留神，战车就会翻进山沟。

戎狄士兵熟悉地形，凶猛强悍，越沟跳涧，如履平地。转眼之间，就跑得无影无踪，晋军只有被动挨打的份儿。

荀吴根据这一情况，重新组建了战车，减少跟车的士兵，才战胜戎狄。可是戎狄战败后，退守山林，晋军兵车进不去，无法追击。

荀吴命大将魏舒把车兵和步兵混编在一起，五人一伍，互相配合。他还挑选机警的士兵组成突击队，互相支援。

躲在林中的戎狄见晋兵无车无马，部队分散，不由得哈哈大笑。两军交战，晋兵假装败退，戎狄兵满不在乎地追了过来。一声鼓响，晋军从三面掩杀，戎狄军队顿时乱作一团，慌忙逃命，死伤无数，所剩的戎狄部族只好投降。

敌变我亦变，对手不可能按照你的思路出牌。晋军根据戎狄的实际状况，及时调整策略，从而制胜。正如孙子所说，兵无常势，水无常形，兵因势而制胜。

这一原则强调灵活运用兵力和变化战术，在企业经营管理中也是十分重要的。企业要依据市场态势和竞争对手情况的变化，灵活地制订经营计划。

一家工厂以出口烟灰缸而闻名。有一段时间，该厂生产的烟灰缸突然滞销。于是该厂派人赴国外考察，很快找出了滞销的原因。

原来，国外正流行壁挂电扇，该厂生产的烟灰缸缸底过浅，烟灰经常被电风扇吹得到处飘散。

工厂针对这种情况，立即生产了一种缸底深、容积大的烟灰缸。投放市场后，销量很好。

过了几年，烟灰缸再次滞销。工厂又派人前去调查，很快找出了原因。由于经济的发展，许多家庭已换上了空调，而这种缸底深、容积大的烟灰缸不好清洗。该厂又及时地推出了一种容易清洗的烟灰缸，投放市场后，备受青睐。

这家工厂生产的烟灰缸之所以能够保持良好的销售状况，是因为工厂每一次都能紧紧跟随用户需求开发新产品，制订最佳生产策略，很快变滞销为畅销。

人们在相互交往中，也可以灵活使用因敌制胜的原则。如果对一个人不了解，彼此在感情上就会有距离，谈话不知选择什么话题，办事不知采用什么方式。但如果了解了对方的脾气、信仰、习惯，就大不一样了。

要洞察话题之中蕴藏的深层心理特征，首先，应从话题的内

容去了解对方内心;其次,从话题展开的方式去探索对方的真意所在。并且要二者兼顾,这样你就可以有针对性地选取适合的方法,让事情进展得更为顺利。

攻其不备,出奇制胜

智谋原典

攻其无备,出其不意。此兵家之胜,不可先传也。

——《孙子兵法·计篇》

译文

要在敌人没有防备的时候发起进攻,在敌人没有料到的时机采取行动。这是军事取胜的奥妙,须灵活运用,不可事先做硬性的规定。

有对手就会有战争,有战争就会有阴谋诡计。孙子主张作战时行动要快,攻其无备,出其不意,专挑对手想不到的方式、想不到的时间,专找他不留神的时候迅速出击,狠狠下手。如此,才能更快、更容易地取胜。

李愬雪夜袭取蔡州,擒获吴元济之役,就是一个范例。

蔡州自唐德宗时期形成割据政权,后来由刺史吴元济掌权,危及朝廷。朝廷任命李愬为节度使,讨伐吴元济。

一天深夜,风雪大作。李愬决定偷袭蔡州。唐军强行军三十多公里,终于抵达蔡州。

为了不让敌军察觉,李愬命人拿棍棒驱赶城下鹅鸭池的鹅鸭。鹅鸭呱呱乱叫,掩盖了人马的声音。

四更时分,李愬军到达蔡州城下,守城者仍未发觉。唐军士兵登上外城城头,杀死熟睡中的守门卫士,只留下巡夜者,让他们照常报更，以免惊动敌人。然后便打开城门，迎大军入城。鸡鸣时分，雪停了，李愬的部队已经进入吴元济的外宅。

此时有人向吴元济报告。吴元济高卧不起，笑着说："这一定是囚犯在闹事，天亮了再收拾他们。"

不一会儿，又有人报告说："城门已经被官军打开了！"吴元济仍然不以为然地说："大概是守军子弟来找我们讨寒衣了！"直到听到唐军的传令声，吴元济才害怕起来，带了几个亲信登上牙城负隅顽抗。

不久，吴元济便投降了。

《孙子兵法》"诡道"的精髓，就在于运用意想不到的方式，在对手还没有防备时，突然打击，使对手在慌乱中做出更多错误判断，接连失败。

"攻其无备，出其不意"不仅适用于战争中，在我们平时生活中，如果运用得当，一样可以收到奇效。这一策略的核心就在于"奇"，要利用对手思维惯性的弱点，打破常规，而不遵循常识和常理。

有一次，法院审理一起保险赔偿案。

原告声称，他的肩膀被掉下来的升降机轴打伤，右臂至今仍抬不起来，因此他要求保险公司给予巨额赔偿。

保险公司明知他是在敲诈，可是这人态度强硬，拒绝庭外调解，坚持要求上法庭解决。

保险公司只好聘请了一位著名的律师为公司辩护。律师仔细地分析了案情，观察了原告，很快就看出了破绽。

但他并没有直接点破，而是问原告："能否给我们看看你的手臂现在能举多高？"原告表现出非常吃力的样子，缓缓地将手臂举到齐耳的高度，并表示不能再举高了。

律师又问："那么在受伤以前你能举多高呢？"

话音刚落，原告不由自主地将手臂举过了头顶。这一下，不仅法庭中的旁听者哄堂大笑，连原告也为自己露出破绽而脸红了。

这位聪明的律师就是巧妙利用了原告的疏忽,在原告意想不到的情况下,把握时机,让他自己露出了马脚。

使用这一招,要切记行动前不能打草惊蛇,避免轻举妄动。要尽量制造假象,迷惑对方,同时沉住气,静观其变,待时机成熟再果断出手。否则,一旦对方发现蛛丝马迹,你所有的努力都将化为乌有。

每个人都有自己的野心,切忌外露

智谋原典

> 兵者,诡道也。故能而示之不能,用而示之不用,近而示之远,远而示之近。
>
> ——《孙子兵法·计篇》

译文

用兵打仗,是一种诡诈的行为。所以,能打时要装作不能打,想打时要装作不愿打,想从近处攻击对方时就要假装从远处攻打,想从远处攻击时就要装作攻打近处。

诈术运用得好,就能够更快、更容易地取胜。因此,聪明的统帅往往会通过制造假象,混淆对手视听,扰乱对手心智,使其放松防备,从而抓住有利时机,克敌制胜。

李牧是战国末年赵国名将,长期驻守北疆,抵御匈奴入侵。

他制定了严格的制度,要求在匈奴骑兵来犯时,所有士兵都要迅速进堡自守,谁敢迎战,立即斩首。

于是,匈奴每次进攻,都会吃闭门羹,只能无功而返。过了几年,匈奴认为赵国兵弱,将领胆小,不敢出战,也就不把李牧放在眼里了。

时间久了，驻守边境的兵士也以为李牧胆怯。赵王听说后很生气，撤了李牧的职，另派将领守边。

每当匈奴来犯时，守将就率兵出战，结果屡次战败，损失惨重。无奈之下，赵王只好让李牧官复原职。

李牧回到了边疆后，一切照旧。渐渐地，匈奴越来越骄傲自得，完全没有了戒心，但李牧并没有放松操练军队。不久后，军队就兵强马壮，士兵也希望尽快和匈奴决一死战。李牧认为时机成熟了。他令出战的士兵佯装败退，匈奴兵自傲轻敌，大军长驱直入。李牧摆出奇阵，包抄合围，使匈奴的十万骑兵全军覆没。

通常情况下，两军对垒时，双方都想展示军威，避免示弱，防止敌人轻视自己。但有些情况下，将领善于示弱，方能从容取胜。

李牧就深谙这一计谋。他拥有精兵强将，却从不轻易出兵作战，故意装作兵力不强、胆怯懦弱，让敌人自满轻敌，然后才出动精锐部队，大破敌军。

也许很多人会认为，弱者才需要诈术，而强者兵多力足，用不着什么阴谋诡计。可有时候，强势的一方更要运用诡计，因为处在焦点之中，容易受到更多关注，麻烦也会更多。通过示弱，可以避免干扰，养精蓄锐，更稳妥地谋求发展。

有一个叫刘干的人，大学毕业后，被分到一家研究所，从事标准化文献的分类编目工作。他认为自己是专业出身，比同事懂得多，所以信心十足，想要大展身手。

刚上班时，领导对他摆出一副"洗耳恭听"的虚心姿态，这让他受宠若惊，觉得无论如何都不能辜负领导的期望。他头脑灵活，喜欢思考，很快就发现了研究所里存在的一些弊端。他冥思苦想，没几天便发表了不少意见，每次得到的答复总是："你的意见很好，我会在下次会议上提出来让大家讨论。"可结果呢？现实不但没有一点儿改变，他自己反倒成了一个闲置的"花瓶"，一年中，领导竟没有给他安排什么具体工作。

他很不满，在一次全体员工大会上，他建议实行竞争上岗制

度，能者上，庸者下。会议结束后，他突然发现，自己变成了一个处处惹人嫌的主儿。后来，一位同事悄悄对他说："我当初也同你一样，你还是换个单位吧，在这儿你别想有出息，你把所有人都得罪了。"于是，一段时间后，他调走了。走时，领导拍着他的肩头，说："太可惜了！我真不想让你走，我还准备培养你当我的接班人呢！"刘干捉摸不透"太可惜"三个字的意思是什么，想来肯定含有"不该锋芒毕露"的意思。

没有人不想出人头地，每个人都有自己的野心，但是切忌太过外露。只有当你将自己深深隐藏起来的时候，减少各种人为的阻力，才更容易成功。对手当前，立刻冲上去硬拼，未必打得过。反之，如果能隐藏自己的实力和意图，暴露一些弱点，转移对手的注意力，也不失为有效的策略。

同理，企业面对无所不在的对手、无孔不入的商业间谍，有时也要学会"藏锋"，否则让竞争对手把自己看得一清二楚，就会落得"人为刀俎，我为鱼肉"的下场。

因此，我们在为人处世时，谋不外泄，志不哗众，就会让竞争对手因暂时的强势而得意忘形，为我们的反击创造机会。积水不流，为的是将来打开闸门，一泻千里，等待最佳时机，一举成功。

奇正相生，在变化中立于不败之地

智谋原典

战势不过奇正，奇正之变，不可胜穷也。奇正相生，如循环之无端，孰能穷之？

——《孙子兵法·势篇》

译文

战争中兵力的运用，不过是"奇""正"这两种类别，而

"奇""正"之间的变化，却是无穷无尽的。"奇"与"正"的相互转化，就像圆环一样没有起点与终点，谁又能穷尽它呢？

了解乌龟习性的人都知道，当你抓乌龟时，它便立刻将头和爪子缩进壳内装死，几分钟后才慢慢将头伸出来张望，等人走了，它才敢爬动。与之类似，还有兔子蹬鹰。鹰的眼睛锐利，在高空中便能看清地面上的兔子。当鹰俯冲下来抓兔子时，此时的兔子并不惊慌，它只是顺势打个滚，装作死去。当鹰到达地面伸开双爪时，兔子却一跃而起用双脚猛蹬鹰的腹部，最终鹰悲鸣几声，带着伤痕逃离地面。

以上虽然都是发生在动物界里的普通故事，但在人性的"丛林"中，这一法则同样适用。当我们处于强势一方，采用常规方法"正面进攻"来战胜对手、解决问题，这就是"正"。但是，当对手明显比我们强大时，"正面进攻"胜算渺茫。这时，采用乌龟和兔子的策略，隐藏自己的锋芒，表面上顺应对方，实际上暗中筹划，等待时机。这就是"奇"。在危机之中，往往出奇才能赢得生机与胜算。

"书圣"王羲之的堂属伯父王敦曾任大将军，掌管东晋的兵马大权。王敦野心很大，常和他的谋士钱凤一起商讨篡权之事。

一天早晨，钱凤向王敦汇报"谋反"的机密。王敦听了钱凤带来的情报，正要开口说话，突然想起侄儿王羲之还在隔壁睡觉。为防止计划泄露，王敦与钱凤商量之后，决定杀害王羲之。

王敦提着宝剑来到王羲之床前，他撩起帐子，看见王羲之睡得正香，对他的到来毫无反应，似乎完全没有醒来的痕迹。王敦庆幸自己的密谋并没有被侄儿听去，于是打消了杀王羲之的念头。

其实，王羲之早就醒来，并且在无意中听到了伯父与钱凤的话，他很快意识到自己的处境非常危险，但此时正面冲突毫无胜算，逃跑也来不及。既然"正"是行不通的，那么就只能出"奇"。于是，他用装睡来骗过王敦，打消了王敦灭口的念头，巧

妙脱险。

从王羲之的巧妙脱险中，我们不难看出，所谓奇招，不过是他人没有想到的正解，这就是"奇"向"正"的转化。而"正"也可以转变为"奇"，当一个看似常规的方案隐藏着真正目的的时候，就成为反败为胜的神奇策略。

有一家旅馆，生意很一般。旅馆的经理把旅馆边的一块空地买了下来，想建个花园，以此来吸引客人。但是，以旅馆当时的收入，根本无法建一个漂亮的花园。经理想了一个办法，他告诉每个来住宿的客人，只要付30元，就能在旅馆旁的空地上栽一棵"纪念树"，还能在树旁立一块木牌，写上植树者的姓名和植树日期。

这个做法取得了非常好的效果。旅客们不仅乐于栽纪念树，还对这家旅馆留下了很好的印象，很多旅客表示今后会回来看自己栽的树。对于旅馆来说，这一做法不仅省下了建花园的钱，还打了免费的广告。

"奇""正"的运用，关键在于看清形势，用变化来应对变化，化被动为主动。很多时候，我们只要恰当地运用奇思妙招，就能使那些用常规方法无法解决的问题迎刃而解。

以迂为直，以退为进

智谋原典

军争之难者，以迂为直，以患为利。故迂其途而诱之以利，后人发，先人至，此知迂直之计者也。

——《孙子兵法·军争篇》

译文

争夺制胜的先机之所以困难，是因为要把迂远的道路变为直路，把不利变为有利。所以，选择迂回的进攻路线，以小利引诱敌人，后发制人，这就是懂得以迂为直的计谋了。

做人应谋全局，知进退，这样才能避免马嘉鱼的命运。

大海里有一种马嘉鱼，肉质鲜美，为人所爱。但它们总是潜藏于深海之中，不易捕捉。唯有春夏两季生产幼鱼时，它们才会随着潮水浮现于水面，这是渔人捕捉的好机会。

马嘉鱼行动敏捷，只要有一点风吹草动，就会立刻逃之夭夭。但它们有个致命的弱点，便是不知进退。

渔人充分利用了这一点，捕鱼时，先将它们赶往渔网中，它们一旦碰到渔网，就拼命朝网里钻，越陷越深，越陷越恼怒、焦躁，于是鳃也张开了，鳍也展开了。就这样，它们被挂在网眼里，无法挣脱，只能束手就擒，成为人们餐桌上的美食。

具有远见卓识的人，往往能够知人所未知，可以根据事物发展的趋势，随时调整，该进则进，该退则退，该转弯时就转弯，迂回达到目的。

老虎在进攻前，身子压得越低，起跳越迅速猛烈。拳手在出拳时，手臂尽可能地往后收，拳头才能发出最大的力道。同样，懂得生活智慧的人，并不是在任何时间、任何地点都争强好胜。在必要的时候退后一步，以迂为直，这不但是暂时的生存策略，也是为更进一步发展奠定基础。

有一位计算机专业的博士生，专业能力很强，可是因为不善于言谈，毕业后求职总是被拒。

后来，他索性不再出示自己的学历证书。不久，他就被一家公司聘为程序员。这份工作对他来说当然是大材小用，可他仍干得非常认真。

后来，老板发现他能看出程序中的错误，非一般的程序员能力所及，细问之下，他拿出了学士学位证书，老板便给他换了个与大学能力相符的岗位。

一段时间后,老板发现他经常能提出许多独到的见解,这时,他又拿出了硕士学位证书。老板又一次给他升了职。

又过了一段时间,老板开始主动向他咨询一些事情,因为他总能提出很有价值的建议。在一次交谈中,他才提到自己是一名博士生。这时,老板对他的工作能力已经非常赏识,毫不犹豫地又一次提拔了他。

以迂为直的韬略,已经在人们的生活中被广泛应用,这名博士就是通过间接路线,曲折地实现了求职、升职的目的。

从常识上看,直线近,曲线远。但是,在实际生活中,远和近并不仅仅是一对简单的物理概念,而且是心理概念、思维概念。迂回渐进,往往才是真正的捷径,能达到事半功倍的效果。

以退为进、以迂为直都是兵法中较高的境界,正如英国军事理论家利德尔·哈特所说:"最曲折的战略道路通常是达到目的的最短途径。"

"退"和"迂"都是手段,而不是目的。变换一个角度,改变一下方向,变不利为有利,最终都是为了保存实力,获得更大的前进空间,加快实现目的。

少依赖朋友,多利用敌人

智谋原典

故善动敌者,形之,敌必从之;予之,敌必取之。以利动之,以卒待之。

——《孙子兵法·势篇》

译文

所以善于调动敌人的人,就会向他们展示真假难辨的军情,敌军必然会根据这些状况做出错误判断;给敌人一点好处,他们必然会趋利而来。一面用利益诱饵调动敌人,一面再部署兵力严阵以待。

没有弄清对方的底细,绝不能掏出你的心。即便是有相同经历的朋友,也只是拥有某一阶段的共同利益而已,并不代表此后都会有共同的目标和利益。

所以,无论面对的是曾经多么真诚对待过自己的人,都要留个心眼。过去不能代表现在,只有冷静客观地面对,不过于依赖朋友,才不会在不知不觉间沦为别人的工具。赵匡胤的几个故事可以给我们很大的启发。

赵匡胤建立宋朝后不久,就在一次宴会上对大臣说:"你们个个都战功显赫,如果也有机会和我一样'黄袍加身',你们也不会拒绝的。倘若各位愿意交出兵权,我将给你们最好的待遇,让你们在家乡安享余生。"这些功勋卓著的将领们听了此话非常震惊,但是他们也明白功高震主将给自己带来什么样的灾难。于是,第二天,所有的将领都请求退隐还家,去过安逸的生活。

经过多年征战,南汉后主刘铱终于投降。赵匡胤不但没有杀害他,反而赐予他极高的地位,并邀请他入宫喝酒。刘铱害怕赵匡胤在酒里下毒,但赵匡胤却将他的酒一饮而尽,此举赢得了他的敬佩之心。从此之后,刘铱成为赵匡胤最信赖和最忠诚的朋友。

吴越王曾经阴谋杀害赵匡胤,当吴越王战败时,臣子便将那些证据交给赵匡胤。吴越王前来晋见时,赵匡胤以礼相待,并交给他一封信。在回去的路上,吴越王打开信,发现里面全是他谋反的证据。赵匡胤的宽宏气度使他臣服,最后吴越国成为大宋最忠诚的属国。

赵匡胤很少依赖朋友,更多的是利用敌人。与他一起打天下的将领和朝廷的大臣,是他作战中最亲密的朋友,可是一旦打下天下,他们的胃口会越来越大,很可能会成为最危险的人,所以,赵匡胤用荣华富贵换走他们手中的权力,将一群极可能背叛他的

人变成温顺的绵羊,从而巩固了帝位。而赵匡胤的敌人并没有什么奢望,当意外地获得赦免或者恩赐时,他们就会感激涕零、死心塌地,因此,敌人反而会成为可以信赖的朋友。

世人对权力的争夺大都如此,正所谓"飞鸟尽,良弓藏;狡兔死,走狗烹"。不要为了保持友谊而放松警惕,否则,最大的伤害将可能来自最亲密的朋友。相反,与对手周旋时,不要忘记宽恕。对朋友警惕而对敌人宽容,才是最谨慎、最有效的方法。

对友情的渴望是人的天性。可是如果你以为朋友永远是朋友,那就错了。只有在没有利益冲突的时候,彼此才能成为朋友。一旦环境改变,纯洁的友谊就很可能变成争斗的工具。当友谊变质,密友将会变成最危险的敌人。

我们总说"消灭敌人""击垮敌人",可事实上,允许敌人、对手的存在,比消灭他们更有利,利用好敌人能让我们更好地生存。事实表明,在被竞争对手"叮咬"的时候,人往往能一直保持旺盛的斗志,促使自己不断强大。

利而诱之,乱而取之

智谋原典

利而诱之,乱而取之,实而备之,强而避之,怒而挠之,卑而骄之,佚而劳之,亲而离之。

——《孙子兵法·计篇》

译文

对于贪利的敌人,要用小利引诱他;对于处于混乱状态的敌人,要乘机攻取他;对于力量充实的敌人,要加倍防备他;对于强大的敌人,要暂时避开他;对于易怒的敌人,要用挑逗的办法去激怒他;对于轻视我方的敌人,要使其更加骄傲;对于休整得充分的敌人，要设法使他疲劳；对于内部和睦的敌人，要设法离间他。

"天下熙熙，皆为利来；天下攘攘，皆为利往。"在利益诱惑面前，人们往往会迷失方向、丧失原则，以致被人利用。

孙子推崇兵以利动，权衡利害。以利诱敌，就是利用人性中的贪婪，使敌人上当，乱其军心，乱其阵脚，将其一举歼灭。

"香饵之下，必有死鱼。"要使你的诱饵顺利被敌人吞下，却并非易事。必须抓住对方的弱点，才能达到目的。

春秋战国时期，楚国发兵攻打绞城。

楚王分析了当时的形势，认为绞城只可智取，不可强攻，于是便想出"以利诱敌"的计策。

他命一些士兵装扮成樵夫，每天上山打柴。

绞侯马上命令手下，趁着"樵夫"背柴之际，突然袭击，夺得不少柴草。这样一连几天，收获确实不小。

尝到甜头的绞侯，一直命令士兵抓"樵夫"、夺柴草，并乐此不疲，劫夺柴草的士兵越来越多。

楚王见敌人已经吞下诱饵，便决定迅速出击。

一天，绞国士兵像前几天一样出城劫掠，"樵夫"们故意吓得四散逃命。绞国士兵紧追不舍，不知不觉被引入楚军的包围圈。

伏兵四起，杀声震天，绞国士兵落荒而逃，死伤无数。楚王趁机攻城，绞侯无力抵抗，只得投降。

战争就是为了夺取利益，用小利当作诱饵将敌人引来，敌人见有利可图，必然会前来征战。此时我方暗中设伏，等他远途而来饥饿困乏、军容涣散时，一举出击。我方必将轻而易举地夺取胜利。

例如，两军相对时，假如我方丢弃自己的粮草来诱惑敌人，敌军必然来抢，一抢必然会使军队涣散凌乱；此时我方趁乱攻击敌人，必能大获全胜，而丢弃的粮草又回到我方手里，等于没有丢弃。

商场作为不流血的战场,一样要讲究战略战术。

在两家公司之间发生了一场清洁剂之战,一家实力强大,另一家较为弱小。面对那家强大的公司,弱小公司的总经理采用了一种巧妙的战术。

当实力强大的公司试销一种新的清洁喷液时,弱小公司暗暗停止了对自己公司同类产品的宣传和供货,悄悄将其撤出了市场。

强大公司的新产品在试销时大获全胜,然而在新产品大量涌向市场时,弱小公司把它的同类产品投入市场,以极其低廉的价格销售,并且每个家庭只需购买一次,就能满足近半年的用量。

此举使得强大公司新产品的实际销售量大大下降,最后不得不从货架上撤回该产品。

面对强劲的对手,弱小的公司丢掉了暂时的小利,使强大公司在获利的得意中渐渐失去了市场。

手段高明的企业家,能有效权衡利弊,不因小利的诱惑而吃大亏,不为争吃一子而丢全盘。同时,在占据主动的前提下,故意露出破绽、丢个诱饵、设个圈套,引诱对方。那些急功近利的人,只见眼前而不顾长远,往往就会上当,成为牺牲品。

知己知彼,博取利益最大化

智谋原典

知彼知己者,百战不殆;不知彼而知己,一胜一负;不知彼不知己,每战必殆。

——《孙子兵法·谋攻篇》

译文

既了解对方又了解自己,就会战无不胜;不了解对方而只了解自己,可能会失败;如果自己和对方都不了解,则必败无疑。

《孙子兵法》没有说知己知彼就会百战百胜，而是说没有危险，可以势均力敌、打成平手。但是很肯定地说，不了解自己也不了解对方，一定会很危险，一定会失败。

作为一种生存智慧和决策决胜方略，知己知彼同样适用于社会生活的各个领域。

以获取猎物为生的狼，在每次攻击之前，都会了解猎物，观察并记住猎物的个性特征和习惯，所以狼的攻击很少会有失误。

一位富翁在草原上狩猎，经过三个昼夜的周旋，一匹狼成了他的猎物。在向导准备剥下狼皮时，富翁上前制止了他，并问："你认为这匹狼还能活吗？"

向导听了富翁的话非常惊讶，不过他什么也没说，只是点了点头。

富翁打开随身携带的通信设备，让停在营地的直升机立即起飞，原来他想救活这匹狼。直升机载着受了重伤的狼飞走了，飞向500千米外的一家医院。

富翁坐在草地上陷入了沉思。这已不是他第一次来这里狩猎。过去，他曾捕获过无数的猎物，这些猎物在营地大多被当作美餐分而食之，然而这匹狼却让他产生了"让它继续活着"的念头。

狩猎时，这匹狼被他追到一个丁字形的岔道上，正前方是迎面包抄过来的向导，他手里端着一把猎枪，狼夹在中间。在这种情况下，狼本来可以选择从岔道逃掉，可是它为什么没有那么做呢？难道那条岔道比向导的枪口更危险吗？

面对富翁的困惑，经验丰富的向导道出了事情的原委，他说："狼是一种很聪明的动物，它们知道只要夺路成功，就有求生的希望；而选择没有猎枪的岔道，必定死路一条。因为那条看似平坦的路上必有陷阱，这是它们在长期与猎人的周旋中悟出来的道理。"

向导的回答让富翁震惊，他从不认为有任何一种动物能如此了解对手的情况——除了人，而这一切刚刚就发生在自己面前。

　　人类号称是最聪明的动物,但我们的周围却有很多缺乏自知之明的人。他们或者志大才疏、自命不凡;或者妄自菲薄、缺乏自信;或者以己之短,搏人之长,结果事倍功半、成就寥寥;或者朝秦暮楚、见异思迁,到头来年华流逝、岁月蹉跎。只有正确了解自己和对方,并有效地利用自身和环境的优势,才能在竞争中立于不败之地。要做到"知彼",最好的方法莫过于站在对方的立场看问题。竞争中如此,交际中也是如此。

　　李白斗酒诗百篇,一生好入名山游。袁枚《随园诗话补遗》记载:汪伦与李白素不相识,但他渴望能与李白见上一面,于是便写信邀李白去泾县旅游,他在信上热情洋溢地写道:"先生好游乎?此地有十里桃花。先生好饮乎?此地有万家酒店。"李白听闻有好风光,还有美酒,便欣然而往。到汪伦那里,李白见他是泾川豪士,为人热情好客,倜傥不羁,心中顿生几分好感,便问:"桃园酒家在哪里?"汪伦答道:"桃花者,潭水名也,并无桃花;万家者,店主人姓万也,并无万家酒店。"听得李白哈哈大笑,并且逗留数日。

　　一位隐居的无名人士,一位狂放不羁的诗仙酒圣,就这样神奇地相聚,演绎了一段千古佳话。其实是汪伦聪明,了解李白的爱好,用酒来诱引这位对酒当歌的大诗人。

　　站在对方的立场考虑问题,你会发现,对方的所思所想、所喜所忌都会进入你的视线。在各种交往中,你都可以从容应对,要么伸出理解的援手,要么防范对方的恶意。在交往开始之前,你便已经占据上风,胜券在握。

鬼谷子《鬼谷子》：操三寸之舌，玩转人生棋局

　　《鬼谷子》一书记载了战国时期纵横家们常用的权谋策略和言谈辩论技巧。书中涵盖了五大知识领域，分别是星象推命、养生之术、说服艺术、经商兵法和兵谋政略，其中尤以说服艺术最为闻名。苏秦凭借其三寸不烂之舌，成功佩戴六国相印，风光无限；张仪则巧妙地瓦解了六国的合纵联盟。他们或许正是得益于鬼谷子的亲身传授，掌握了说服艺术的精髓，才取得了如斯成就。

巧言"钓语",抓住对方破绽

智谋原典

以无形求有声,其钓语合事,得人实也。其犹张置网而取兽也,多张其会而司之。道合其事,彼自出之,此钓人之网也。

——《鬼谷子·反应》

译文

以无形无声的玄微之理求得对方有声的语言,以诱导的话引出与事理相符的发言,就能得到实情。这就像张网捕捉野兽一样,要多打开几张网,等待对方进入。一旦方法得当,就可以让对方真情流露,这就是诱引人言的罗网。

观察他人的言行,是探知其内心活动和事实真相的便捷途径。但是,当对方始终保持沉默,不肯亮出自己的底牌时,我们就必须积极地发挥主动性,采取巧妙无形的方法,迫使对方不得不有所行动,然后我们再仔细地观察并加以分析。

宋宁宗年间,一个大户人家丢了金钗,于是告到县衙。县令刘宰周密调查后,断定金钗是在家中丢失的,当时在场的两个侍女都有嫌疑,可是她们谁也不肯承认。

于是刘宰将两名侍女带到县衙,关在一间房子里,但没有审问她们。天黑之后,刘宰拿着两根芦苇走进关押侍女的房间,给她们每人一根,并对她们说:"你们拿好这根芦苇,明天我就根据它来审判,谁偷了金钗,她手中的芦苇就会长出二寸。"

第二天,两名侍女被带到堂上。刘宰拿过芦苇审视,果然有一根长出二寸。刘宰指着手持短芦苇的侍女大声喝道:"你如何盗得主人金钗？还不从实招来！"

侍女吓得跪倒在地，连忙承认道："请大人恕罪，是我拿了金钗。可是您是怎么知道的呢？"

刘宰说："我给你们的芦苇是一样长的，你若不是做贼心虚，为何要偷偷截去一段？"侍女这才明白自己中了县令大人的计谋。

刘宰利用偷窃金钗侍女的恐惧，巧妙诱使她自己先行动，最后暴露真相。

正如鬼谷子告诉我们的，运用高超的诱导技巧，从多个角度反复探查，便能找到突破口，让对方吐露实情。

反间谍机关在农村逮捕了一个自称本国农民的嫌疑人。他的种种言行，都使军官认定他是一个间谍，只是没有充足的证据来证实这一点。

审讯时，主审军官问他："你会数数吗？"

农民流利地数数，没有露出一丝破绽。军官只好让看管他的卫兵送他回到关押的小屋。

过了一会儿，哨兵用邻国语言大声喊："不好啦，着火啦！着火啦！" 农民无动于衷，仿佛听不懂那种语言，照样在屋里呼呼大睡。

后来，军官又找来一位当地的农民，跟这位农民谈起了种庄稼的事，没想到他说得头头是道，显得十分内行。

第二天，农民又被押进审讯室。主审军官正在认真地审阅一份文件，看了很久才看完。他一边在上面签字，一边抬头说："好了，先生，你可以走了，你自由了。"

农民听了，长长地呼了一口气，似乎放下了一个重担，轻松地笑了。

这时，军官也笑了。因为他刚才说的正是邻国语言，而农民听懂了。无意间，农民暴露了自己的身份。

在这里，军官就是通过反复询问和频繁试探、诱导，在不经意间打破了间谍的心理防线，使其最终在没有任何心理准备的状

态下露出了破绽。

在现实生活中,想要看清一个人,就要观察他的外表,注意他的行为,了解他的内心。然而,面对越来越多的人说假话、隐藏自己想法的社会现状,要想通过简单的观察和谈话就看透别人的内心,很难。

这时,我们应灵活采用多种问话方式,多变换角度思考,诱使对方在不知不觉中跟随我们的思路,走进我们的"陷阱"里,从而更透彻地看清一个人的真实面目和意图。

依人设辞,见鬼不说人话

智谋原典

故与智者言,依于博;与博者言,依于辨;与辨者言,依于要;与贵者言,依于势;与富者言,依于高;与贫者言,依于利;与贱者言,依于谦;与勇者言,依于敢;与愚者言,依于锐。

——《鬼谷子·权篇》

译文

与智者谈话,要表现自己的渊博;与知识渊博者谈话,要表现自己的善辩;与善辩的人谈话,要以简明扼要为原则;与高贵的人谈话,要有充沛的气势;与富人谈话,要以潇洒豪迈为原则;与穷人谈话,要讲究实际利益;与卑贱者谈话,要以谦恭为原则;与勇敢的人谈话,要表现自己的果敢决断;跟愚笨的人谈话,要表现自己的敏锐。

跟不同的人打交道,应采取不同的应对策略。

这并非阿谀奉承,也不是世故圆滑,而是根据人的不同特点、情景和场合,选择合适的言辞,避免信口开河。准确把握对方的身份地位与性格,恰当地应对,这是合乎礼仪的交往之道。

明太祖朱元璋出身贫寒,小时候曾经给有钱人家放牛,为了填饱肚子还出家为僧。

朱元璋当了皇帝以后,一位儿时的伙伴进京见他。

此人一进大殿,就下跪叩头,高呼万岁,说:"我主万岁!当年微臣随驾芦州府,打破罐州城。汤元帅在逃,拿住豆将军,红孩儿当关,多亏菜将军。"

朱元璋听他说得又含蓄又有趣,回想起当年贫寒时大家有难同当的情景,心中感怀不已,当即重重封赏了老朋友。

另一个当年的穷伙伴得知消息,也找上门来。见到朱元璋,他高兴地在金殿上说道:"我主万岁!你还记得我吗?当年咱俩一起给人家放牛。那次我们在芦苇荡里,把偷来的豆子放在瓦罐里煮着吃,大家都抢着吃,把罐子都打破了,豆子撒了一地。你只顾从泥里抓豆子吃,结果把红草根卡在喉咙里。还是我让你吞下一把青菜,才把那红草根咽下去。"

文武百官听了都忍不住偷偷地笑,朱元璋十分生气,呵斥道:"哪里来的疯子,来人啊,把他给我轰出去。"

第一个人很懂得讲话的艺术,到什么山上唱什么歌,见什么人说什么话。第二个人则不然。

鬼谷子在《权篇》中,精辟地阐述了与不同类型的人交谈的艺术。

在他看来,在不同的地点与场合,与智者、勇者、富者、愚者等不同的人交谈,谈话内容和方式都应有所不同。

说话要看对方的身份地位,比如对上级、长辈、老师等,言谈举止要注意表现出尊重。

说话也要考虑对方的文化水平。对文化水平较低的人,就要直白明了,不能咬文嚼字,以免闹出笑话;而对有学问的人,则不能太粗俗,以免引起反感。

说话时要看对方的性格。对内向的人,要尽量找到他关心的事情，引发他说话的兴趣；对急躁的人，要适时停下来征求一下他的意见，防止他没有耐心而妄下结论；对傲慢的人，说话要简明有力；对自私的人，要多强调他的利益。

说话时还要看对方的喜好。不喜欢运动的人，就不要和他谈打球的技巧；不喜欢音乐的人，就不要和他谈论某个音乐家。

分清场合说话同样重要。朋友要乘飞机远行，不要谈起最近刚发生的一起坠机事故；孕妇即将分娩，不要忧心忡忡地说养孩子又累又难，养大了就飞了；参加寿宴，就不要介绍意外伤亡保险。

"好马长在腿上，好人长在嘴上。"拥有好口才的人，能够看人下菜碟儿，根据对方心理说话，既贴心又受欢迎。

如果在错误的地点，对错误的人，说错误的话，即使建议再好，也很难被人理解并接受。因此，说话的艺术在于洞察人心，适时适地，方能达到说服的目的。

障眼有道，言在此意在彼

智谋原典

古之善摩者，如操钩而临深渊，饵而投之，必得鱼焉。故曰："主事日成，而人不知；主兵日胜，而人不畏也。"圣人谋之于阴，故曰"神"；成之于阳，故曰"明"。

——《鬼谷子·摩篇》

译文

古代善于用揣摩术的人，就像到深潭边钓鱼，只要放入鱼饵，就能轻松钓到鱼。所以说："按这种方法做事，则会日渐成功，别人却不会发觉；领兵打仗就会逐渐打胜仗，别人却不感到恐惧。"圣人在隐秘中谋划，所以被称为"神"；而成绩渐渐呈现在世人眼前,所以被称为"明"。

别人迷惑之时往往就是我们的机会,适时运用障眼法,声东击西,巧布迷阵,往往能轻松取胜。

齐威王死后,靖郭君田婴因与继位的齐宣王不和,辞去了相国之位,回到封地薛城。这时,大多数门客都不辞而别,只有齐貌辨还追随左右。

来到薛城没有多久,齐貌辨也向田婴辞行。田婴问他到哪里去,他说要去临淄见齐宣王。田婴说:"君王既然很讨厌我田婴,你此去岂不是找死!"齐貌辨说:"臣根本就不想活,所以臣一定要去。"田婴也无法阻止,于是齐貌辨就去见齐宣王。

齐宣王知道齐貌辨对田婴的忠心,听说他来求见,就满心怒气地等着。齐宣王说:"先生是田婴的座上客,田婴对先生恩宠有加,言听计从啊。"

齐貌辨回答说:"臣是靖郭君的宠臣并不错,但要说靖郭君什么都听臣的那倒未必。例如,当君王还是太子时,臣曾建议靖郭君把太子废掉,改立卫姬之子郊师为太子。可是靖郭君因为不忍而拒绝。假如靖郭君是一切都听臣的话,那么他也不会遭受今天这样的迫害,此其一。当靖郭君到了薛城,楚相昭阳要用几倍的土地来换薛地,我又建议靖郭君一定要接受这个请求。靖郭君说:'从先王那里接受薛地,即使现在与大王关系不好,可如果把薛地交换出去,死后我如何向先王交代呢?况且先王的宗庙就在薛地,我难道能把先王的宗庙交给楚国吗?'又不肯听从我的。这是第二件事。"

齐宣王听了不禁长声叹息,说:"靖郭君对寡人的感情竟然这么深啊!我太年轻了,不了解这些事情。现在我诚心诚意地请先生为我请回靖郭君。"

如果齐貌辨从正面游说,可能很难消除齐宣王先入为主的想法,甚至会引来杀身之祸,而以自己为挡箭牌,转移了齐宣王对

田婴的猜忌，吸引齐宣王的注意力，从而说服成功。

任何语言都有其最终的目的。在不便说或不宜说的情况下，隐瞒自己的真实意图，迷惑对方，将其引到我们的思维模式下，将会达到出其不意的效果。

在路边的饰品店里，一个女孩看中了一条珍珠项链，可是由于价格较高，因此一直犹豫着。

店员看到这种情况，从柜台中拿出另外一条项链，对女孩说："如果您对那条项链不满意，我向您推荐这一条，也是非常漂亮的。"

女孩试戴了一下店员推荐的项链，效果也不错。

她把两条项链反复比较了一下，然后说："我感觉这条项链的珠子不如那条好。"

"是的，那条的珠子更饱满，更有光泽。"店员回答。

"那么款式呢？"女孩接着问。

"我觉得我推荐的这条更漂亮一些。"店员说。

"价格也不一样。"

"我推荐给你的这一条要便宜一些。您买这条比较划算。"

女孩又考虑了一会儿，然后做出决定："我还是买刚才选的第一条吧。"

不难看出，这位店员深谙销售之道。她看到顾客犹豫，不是极力推销商品，而是拿出一件不如顾客所选的商品作为比较，让顾客发现自己所选商品的优点，从而忽略价格是否合适。这种言在此而意在彼的障眼术，在销售中屡试不爽。

运用这种策略的关键在于：第一，转移对方的注意力，隐藏真实意图。第二，通过放"烟幕弹"，干扰对方，使其改变原定计划，逐步掉进我们预设的陷阱里。

精明的说服者都很善于使用这一招，出奇制胜，无往不利。

飞箝有术，蛇打七寸

> **智谋原典**
>
> 心意之虑怀，审其意，知其所好恶，乃就说其所重，以飞箝之辞钩其所好，以箝求之。
>
> ——《鬼谷子·飞箝》

译文

详细考察对方的想法，了解其好恶，然后针对其关心的问题进行游说，用"飞"的方法诱出对方的喜好，最后用"钳"的方法制住对方。

"飞箝术"不仅是一种谋略，更是一种解决问题的实用方法。运用"飞箝术"，就要摸准对方的真情实意，通过利害来钳制对方。中国有句古话叫"打蛇打七寸"，说的就是要抓住关键问题，找到影响事情的核心因素。说服他人的时候，一定要懂得利用对方最在意的问题来钳制、触及对方的切身利益，引发其内心的震动，从而促使其改变初衷。

一位常客张先生来到酒店前台，在办理入住手续时，向服务员提出房价打折的要求。接待员小郑见是常客，便给他九折优惠。客人还是不满意，要求酒店再打些折扣。这时正是旅游旺季，酒店的客房出租率极高，小郑不愿意在黄金季节轻易让利更多，张先生便提出要见经理。

其实，酒店授权给总台接待员的折扣不止九折，但是小郑不希望给客人留下可以随意还价的印象。这会使客人认为酒店员工处理问题不专业。但是小郑又深知，客人只是要得到适当的优惠，

只要牢牢把握住客人的心理,再给客人一点好处,就能让客人心满意足。经过一番思考,小郑就假装到后台请示经理,让张先生先在沙发上休息片刻。

数分钟后,小郑回到总台,对张先生说:"我向经理汇报了您的要求。他听说您是我店常客,尽管我们这几天出租率很高,还是同意给您额外优惠 30 元,并要我转达他的致意,感谢您多次光临我店。"小郑稍作停顿后又说:"这是我们经理给常客的特殊价格,不知您是否满意?"张先生计算了一下,现在他实际得到的优惠折扣相当于八五折,这对于位于繁华地段,又处于旅游旺季的星级酒店来说,已经是很实惠了。张先生满意地点头,迅速办理了入住手续。

小郑为顾客打折的时候,巧妙地采取了一种迂回策略。虽说接待的是熟客,小郑却没有马上答应张先生的要求,而是思考了一番才答复。这样做既表明自己已经做了最大的努力,让张先生尽可能得到优惠,又让张先生知道,30 元的优惠是经理给的最大限度,打消了张先生想再次讨价还价的念头。

小郑能够用客人满意、自己更满意的价格成交,正是因为他把握住了客人贪便宜的心理。用"飞"的策略让客人得到实惠,再抓住他一心想入住的心理,"钳"住他,使其无路可退,最终让客人心满意足地交钱。

一般来说,不懂得"飞箝术"的人容易让对方难堪,即使是帮助别人,也会让对方感到不适。他们甚至会乘人之危,鸡蛋里挑骨头,抓住把柄不放,这种行为常常会得罪人,还可能受制于人。总之,在说服别人时,面对别人的要求,要懂得抓住对方的软肋,再考虑自己的利益,既要表明自己的态度,又要巧妙地钳制对方,使其心甘情愿接受我们的安排。

出门看天色，进门看眼色

智谋原典

外亲而内疏者，说内；内亲而外疏者，说外。故因其疑以变之，因其见以然之，因其说以要之，因其势以成之，因其恶以权之，因其患以斥之。

——《鬼谷子·谋篇》

译文

游说对象外表上与我们亲善而内心却相当疏远，我们就应当运用计谋去打动他的内心，要解除对方对我们的疑虑。游说对象内心赞同我们而外表上装作冷淡，我们就应当运用权术去做表面工作。可以根据对方所疑惑的问题来改变自己的游说内容。依据对方所见所闻肯定某些东西，依据对方的言谈总结出实施要点，依据对方势力强弱去成就事业，依据对方的好恶改变我们的计谋，依据对方的忧惧舍弃决策中的某些部分。

喜欢说话不等于会说话，如果你想在说服别人时得心应手，平时就应该加强训练自己察言观色的能力。

我们要注意观察对方的神色言谈，琢磨判断他的心理活动，看眼色行事，让自己的话语尽可能地迎合对方的心意，从而达到成功说服的目的。

有一次，解缙陪明太祖朱元璋在御花园里钓鱼。

解缙是钓鱼好手，不一会儿就钓了好多条，而朱元璋技术不高，满怀希望，频频拉线，可是大半天过去了，却仍然一无所获。

朱元璋眼看着解缙左一条鱼、右一条鱼，既尴尬又郁闷，于

是面露愠色,把钓竿往旁边一甩,不钓了。

伴君如伴虎,解缙一看皇帝动怒,生怕自己引火烧身。于是他灵机一动,为朱元璋献上了一首小诗:

数尺丝纶落水中,金钩抛去永无踪。

凡鱼不敢朝天子,万岁君王只钓龙。

朱元璋一听,怒气全消,连声夸赞解缙。

解缙不愧是明代第一才子,灵活机智,才思敏捷,一首"拍马诗"就让皇帝转怒为喜,觉得自己钓不到鱼才是理所应当的。整日陪伴君王左右,练就了解缙炉火纯青的"看眼色说服术",让他在一个个难题面前应对自如,成功化解了多次危机。

我们在开口说话前,一定要学会倾听别人的言语,揣摩别人的神色。如果做不到这一点,就如同不知风向便去转动舵柄,不但不能顺利起航,还很有可能在风浪中翻船。

正如鬼谷子所说的,说服时要仔细观察对方的表现、反应和心情,分析判断说话的语境,审时度势,然后才能随机应变、"对症下药"。如果我们想让对方听得进去自己的话,就要克服急躁,开口之前先考虑三个问题:

(1)时机合适吗?

(2)场合合适吗?

(3)气氛合适吗?

否则,不该说话的时候说了,应该说话的时候却不说,不观察对方的脸色就信口开河,结果只能事与愿违,甚至不欢而散。

一位心理学家曾经说过:"在世界的知识中,最需要学习的就是怎样洞察他人。"

出门看天色,进门看脸色。每一个拥有高超说服技巧的人,都善于观察别人的脸色、体态、语气,然后迅速做出反应。特别是人的面部表情,它可以传递丰富的感情。不论是喜恶、尊重或鄙视、冷漠或关心,甚至难以明说的情感,都会在面部或多或少地呈现出来。如果你不去观察揣测，只是一味自顾自地说下去，可能会带来不利后果。

某次，公司老板带着一名业务主管出差，投宿在某家旅馆里。旅馆主人见他们是外地人，遂加价收费，狠狠"宰"了一刀。老板很生气，但人在异乡，也就只好作罢。第二天清晨，两人办了手续准备离开旅馆，老板发现业务主管的旅行袋撑得鼓鼓的，但他们来此地并没买什么东西，就问："你的行李袋里装了些什么？好像比昨天重了许多。"

业务主管神秘兮兮地说："老板，我可是帮你出了一口怨气啊！旅馆主人一定会气得发疯。"业务主管把行李袋拉链拉开，取出毛巾、茶杯、水瓶，甚至牙膏、洗面奶、沐浴乳等旅馆里为顾客准备的东西，炫耀道："哼！他敢多收钱，我就拿走他的东西，一物抵一物。"

老板默然不语，但心里已经对他产生了不好的印象。出差回来后，老板借故把业务主管解雇了，主管不服气，便去质问老板。老板以蔑视的口吻说："我担心将来有一天你会因为私欲得不到满足，把公司和我也出卖了。"

这名业务主管的错误在于没有意识到老板也在随时随地观察和考验员工的品德及能力。

可见，我们要敏锐地捕捉对方语气、神态和行为动作透露出的信息，见机行事，才能把握成功的契机。这是一种能力，也是一种策略，它能够让你的话扣人心弦，顺理成章地令对方信服，从而在竞争激烈的职场中游刃有余。

急事缓做,探清虚实再言语

智谋原典

计国事者,则当审权量;说人主,则当审揣情;谋虑情欲,必出于此……故虽有先王之道、圣智之谋,非揣情,隐匿无可索之。

——《鬼谷子·揣篇》

译文

谋划国家大事的人,应该仔细审查本国形势;游说他国君主的人,则应该认真揣度君主的想法。不论是谋划、想法还是欲望,都必须用这种方法……即使有古代先王的德行和经验,有圣人的智谋决策,如果不揣摩清楚隐藏的实情,那将什么都得不到。

说服他人时,务必铭记:欲速则不达。急功近利,心浮气躁、在不了解情况时就急于开口,反而难以迅速达成目标。

懂得审时度势的人往往能够轻松实现愿望,而说话不经大脑的人,则常常无意中得罪他人。为了避免这种麻烦,最重要的是保持冷静,深思熟虑,避免不经思考就随意发言。

说话快于思考的人大致可分为两种:一种是天赋异禀、口才了得,总能让人惊叹不已;另一种则是缺乏说话艺术的人,往往言语伤人,事后追悔莫及。

和珅因其对乾隆皇帝的脾气、性格、喜好、习惯的细心观察和深入了解,总能将皇帝交办的事务处理得妥妥帖帖。有时甚至不等皇帝开口,他便能预判并准备妥当,深得皇帝欢心。因此,和珅得以成为皇帝的心腹,仕途自然平步青云。

和珅之所以能赢得皇帝的信任,是因为他擅长捕捉他人忽视的细节,从举手投足中洞察皇帝的心意,从而随机应变,灵活应对,适时进言,充分迎合皇帝的需求。

因此,我们在说话时应保持沉着冷静,不要因为急于表达而随意开口。鬼谷子曾言,内心情感剧烈变化时,通常会通过外在形貌表现出来。我们应依据对方形貌的变化来揣摩其内心的真实情感,处世灵活,才能更准确地"对症下药"。

中国有句谚语:"到什么山唱什么歌,见什么人说什么话。"这正是对"揣情术"的最佳诠释。学会揣摩人心,权衡利弊,三思而后言,是处世安身的最佳选择。

精明的商人不会依靠欺骗来实现销售目的,而是从顾客的心理入手,抓住顾客的心,让顾客自行做出决定。能够洞悉顾客隐情、理解顾客意图的人,从不担心生意的好坏。

一位学心理学专业的服装店女老板,接待了一位年轻男顾客。他说:"我要买一件最吸睛的礼服去参加宴会,让每个见了我的人都羡慕得连眼珠子都要掉出来。"

女老板说:"我这儿有件很吸睛的礼服,不过那是为那些缺乏自信的人准备的。"

"缺乏自信的人?"

"是啊,您不知道有些人常常想穿这样的服装来掩盖他们的自信心不足吗?"

这个年轻人生气地说:"我可不是缺乏自信的人!"

"那您为什么要穿上它去参加宴会,让所有人都羡慕得连眼珠子都要掉出来呢?难道您不能靠自身去吸引人吗?您很有风度,也很有魅力,可您却要掩盖起来。我当然可以卖给您这件最时髦的礼服,使您出风头,可您就不想想,当人们停住脚步看您时,是因为衣服,还是因为您自身的吸引力?"

听到这里,那个年轻人想了想说:"是啊,我干吗要花钱买大家几句恭维话呢?这些年我一直缺乏自信心,可我竟然还没意识到这点。"

尽管女老板看似"不愿赚钱",但她的服装店却因此吸引了众多忠实顾客,生意越发红火。

这位女老板的经商之道在于她能深入了解顾客心理,并为顾客提供参谋,以顾客为中心,从而赢得了顾客的信任。她掌握了主动权,使顾客愿意听从她的引导,因此生意兴隆。

人是容易被感动的,只要你善于揣摩他人心理,设身处地为他人着想,他们便会将你视为知己,对你充满信任。这是高超的"揣情术",是同理心的体现。

但是,要想说话深入人心,首先得学会揣摩他人心思,这需要细腻的观察和长期的总结。人的本质往往隐藏不露,只有善于观察,多留心眼,才能全面了解他人,真正洞察他人的内心和本意。

言多必失,管好自己的嘴巴

智谋原典

口者,心之门户也。心者,神之主也。志意、喜欲、思虑、智谋,皆由门户出入。故关之捭阖,制之以出入。

——《鬼谷子·捭阖》

译文

口是心灵的门户,心灵是精神的主宰。人的志向、欲望、思想和谋略,都要由这个门户出入。因此,用开放和封闭来把守这个关口,以控制出入,非常有必要。

鬼谷子告诫我们,要管好自己的嘴巴。开口闭口之间,人的命运往往会发生翻天覆地的变化。

说话要谨慎,该开口时才开口,该沉默时就沉默。否则,轻易开口，可能会招来祸患，甚至付出惨痛的代价。

古人很重视"慎言"，很多时候，沉默比直言更智慧。不假思索滔滔不绝，往往会流于空谈；还没考虑周全就急于表达，难免会言多必失。

明朝嘉靖年间的名臣徐阶深谙此道。在数十年的政治生涯中，他最大的贡献就是扳倒了一手遮天、为非作歹的严嵩父子。

他和严嵩一起在朝十多年，一直小心谨慎，隐忍以待。严氏父子多次刁难和故意陷害他，而他只是忍辱负重，从来不奋力抗争。即使有机会向皇帝进言，他也装聋作哑，甚至被一些不明真相的正直之士唾骂、鄙视。

然而，在表面恭顺的掩盖下，徐阶一直暗中搜集严氏父子的罪证，等待时机，最后终于在最合适的时候重拳出击，将这对奸恶的父子一举铲除。而同样痛恨严嵩父子的张居正，就是因为沉不住气，没有审时度势就上疏谏言，被迫告病回乡。

说服他人，不在于话多，而在于说得准确、适时。只有抓住契机，切中要害，才是最关键的。

失足引起的伤痛很快就可以恢复，失言所导致的后果却可能让人遗憾终身。管住自己的舌头是最好的美德，我们要牢记"祸从口出"的古训，在嘴边常挂一把锁。

有一个国王，认为自己国家生产的绳子结实无比，是全天下最好的。

然而，一个外国商人却觉得比不上自己带来的，他四处散布言论，为自己谋利。

国王听说后，非常愤怒，下令绞死商人。

行刑那天，商人在挣扎中将绳子扯断，猛地摔在了地上。

按照这个国家的法律，如果行刑时遇到这样的情况，说明是上天在保佑犯人，犯人应该得到赦免。于是皇帝便下令将他释放。

商人得意忘形地大声喊道："看到了吧，这下你们该相信了吧！你们的绳子就是这么差！"

这句话很快就传到国王那里，国王一听，顿时暴怒，命人把他重新捆了个结结实实，又送上了绞架。这一次，绳子没有断，商人一命呜呼了。

这个愚蠢的商人，正是死在了自己的嘴巴上。被赦免之后，他不仅没有见好就收，反而再次惹恼了国王，错过了逃生的机会。

在充满竞争的社会里，说话稍有不慎便可能成为他人的把柄。而且，你的言谈会暴露出你对人、事的态度，对未来的看法，甚至个人品质，这些都会被对手了解、利用。

无论在什么场合，都要想清楚了再开口。损害他人利益的话不说，对人对己都无益的话不说。不能竹筒倒豆子似的，话说完才追悔莫及。

言多必失，慎言如金。话说得越多，越容易招致灾难，使自己陷入不利之地。

绵里藏针，威胁话舒服说

智谋原典

摩而恐之，高而动之，微而正之，符而应之，拥而塞之，乱而惑之，是谓计谋。

——《鬼谷子·谋篇》

译文

揣摩之后加以威胁，抬高之后加以策动，削弱之后加以扶正，符验之后加以响应，拥堵之后加以阻塞，搅乱之后加以迷惑，这就叫作计谋。

在说服他人时，先采取温和的策略，可以在强大的对手面前赢得进一步辩论的机会，随后展示坚定的立场，则能显示出一定的威胁力量。柔软如绵，坚硬如针，此即所谓绵里藏针。运用"绵里藏针"的策略，就如同给小孩喂苦药时裹上糖衣，或拌以糖水，方法因人而异，但基本原则是相通的。

在赵、魏等国合纵的背景下，赵国为了争夺领导地位，提出以百里土地为代价，请求魏国杀死魏相范座。范座上书给魏王说："臣听说赵王要以方圆百里的土地换我的命。杀死一个无罪的范座，不过是小事一桩；而得到百里的土地，可是很大的利益，臣为大王感到高兴。话虽然这样说，有一点不可不留意，如果百里的土地没能到手，被杀死的人可就不能复生了，如此大王一定会被天下人耻笑。臣以为与其用死人同赵国做交易，不如拿活人做交易。"

范座向魏王上书时，巧妙地运用了绵里藏针的策略。他先是大度地表示对赵国的土地赠予感到欣慰，然后细致分析其中的利弊，不直接表达自己的立场，展现了高超的辩论技巧。

绵里藏针，言外有意，主要有两大作用：一是能够洞察对方言辞之外的真正意图，避免成为笑柄；二是要含蓄地表达自己的观点，让对方心领神会，感受到你话语中的锋芒。

在求人的过程中，双方都在争取各自的利益。作为求人者，如果能够不回避利益这个核心问题，采用绵里藏针的方法，客观分析对方的行动利弊，软硬兼施地攻破对方的心理防线，具体指出自己能满足对方哪些利益及其途径，就能使双方的需求都得到满足。

张武是一家公司的人力资源总监。一天早上，一名年轻有为的员工走进他的办公室，说他刚接到一家大公司的录用通知，这家公司承诺提供更好的待遇和福利。这位员工希望张武在他离职之前，能够安排好接替的人选。

张武知道，那家公司是用高薪水来做诱饵，以目前这位年轻人的职位和对公司的贡献，还不值得投这个"资"。不过，考虑到这位年轻人今后对公司的作用，张武开诚布公地与他进行了交谈。

  他首先许诺略微提高年轻员工的薪金，同时指出，以年轻人目前的职位，将来的升迁潜力很大。虽然目前公司所提供的薪金比别的公司要低，但如果年轻人能胜任当前的工作，那么根据公司的奖励制度，薪金就会逐年调高。

  接着，他语气一转，继续分析说，虽然那家公司提供的薪水要多些，不过，他在那家公司将很难有机会获得提升。这并不是他能力不足，而是这一新的职位本来就没有升迁机会。况且，那家公司是个家族企业，员工大多沾亲带故，一个外人很难打入权力核心。

  张武这一番语重心长的话让年轻人似有所悟，他也知道张武说的都在情在理，符合实际。几天以后，这位年轻员工告诉张武，他决定留下。

  张武巧妙地运用了绵里藏针的策略。他一方面承诺适度加薪，展示公司的诚意和对员工未来的规划；另一方面，他又指出跳槽的风险，分析利弊，最终成功挽留了员工。

  通常情况下，当对方不愿轻易接受你的意见，甚至表现出高傲姿态时，如果你能善于运用软硬兼施的手段，抓住影响对方态度和行为的关键矛盾，或点明问题所在，或分析利弊，或指出解决途径，就能吸引对方倾听你的意见。求人者若能用精准有力的言辞压制对方，就能让对方屈服并改变主意，从而心甘情愿地为你办事。

韩非子《韩非子》：法术势三位一体管理

韩非子，法家的集大成者，其著作虽在后世遭受不少学者的非议，却历经千秋，始终被学者们研读传诵，完整地传承至今。这部著作并不神秘，但它究竟蕴含着何种深刻的智慧？《韩非子》以黄老之学为根基，巧妙融合法、术、势三者，形成一套完整的权力控制体系，旨在不动声色地树立绝对权威，以达到无形驭人之境。

铁腕树威,紧握权势

智谋原典

爱人,不独利也,待誉而后利之;憎人,不独害也,待非而后害之。然则人主无威而重在左右矣。

《韩非子·三守》

译文

君主喜爱一个人,不独自奖赏他,等到有人赞誉他之后才奖赏他;君主憎恶一个人,不独自处罚他,等到有人反对他之后再处罚他。这样的话,君主就没有威力权势,而大权落于亲近的臣子了。

作为领导者,仅仅掌握权力远远不够,还必须树立自己的绝对威信。权力与威信是领导者的两把利刃,二者缺一不可。维护领导者的尊严、威信,从而牢牢掌握权力,是领导者立足的根本,正如韩非子所说"万物莫如主势之隆"。

孙武离开齐国投奔吴国时,还是名不见经传的小伙子。在朋友的引荐下,吴王阖闾读了孙武的兵法,大为赏识,便将他召至宫中,要求他用宫女来演练兵法,以验证其有效性。

孙武欣然接受了挑战,他将宫女分为左右两队,并任命吴王最宠爱的两位美姬为队长。接着孙武开始向宫女们讲授操练要领,讲解完毕,孙武问众宫女有没有听明白,众人都说听明白了。然而,当孙武开始发号施令时,宫女们却笑得乱作一团。

孙武说:"如果号令不清而导致士兵不执行命令,责任在将领。"于是他重新解释了一遍规则,再次发令,宫女们仍然大笑不止。

这时孙武说："如果指令已经解释得足够清楚，而结果还是失败的话，那么责任就在军官。"于是，他下令斩杀两位队长。

吴王见状忙说已理解他的用意，不需要真的执行军法。孙武坚持军法，杀掉了两位美姬，并任命另外两名宫女为队长，继续练兵。这次，宫女们没有人再笑，操练得极为齐整。

吴王认识到孙武的真实才能，任命其为军师，吴国由此强盛。

在训练宫女时，孙武虽然是主帅，但是起初并没有威信，无法贯彻命令。直到他斩杀两名宠姬，威信才树立起来。

领导者上任之初，下属多持观望态度，他们或许会窃窃议论新领导者的领导能力，或许会评价新领导者的处事作风，甚至会挑衅。能否镇住局面，赢得尊重，是对新领导者的一次严峻考验。

惩处措施是领导者坚持原则、树立权威的重要手段。对个别扰乱纪律、不服管教的害群之马，如果领导者果断处理，威信将迅速树立。反之，则可能导致形象受损，影响工作的开展。

当然，强制力是领导者在必要时刻不得不使用的手段，它能够快速实施计划，避免过多纠缠。然而，过度使用会隔绝下属的反馈，激起反抗，因此，领导者在使用强制力时，必须掌握分寸，避免独断专行的指责。

在使用强制力时，领导者应遵循以下几项原则：

（1）坚定不移。必须坚定不移地继续下去，即使对方开始变弱时也不能放松，否则对方会对你的犹豫加以利用，使强制措施功亏一篑。同时，也别忘给对方安排一条后路，避免激起过度反抗。

（2）不迁就多数。领导者可能会暂时被孤立，但这是改革转型期的必然，因为颁布一系列的规章，会伤害到部分员工的既得利益。但是，随着绩效的增长，误解必然会消除。

（3）令行禁止。所谓"王者发令，重于泰山"。组织是一个环环相扣的命令系统，任何一环懈怠都将成为达成目标的障碍，

相反，如果能充分发挥命令系统的功能，则在效率、操作上都可胜人一筹，即使员工有什么修正意见，也须在履行任务的同时找领导私下沟通。

为保证任务能够按时完成，领导者还须严格制定合理的工作期限；同时防止员工懈怠，在开始时满腔热情，中途就三天打鱼两天晒网，最后为赶任务"临时抱佛脚"。

最后，对不同风格的下属送上来的议案，领导者一定要有所抉择和倾向，避免优柔寡断，展现出决策的勇气和信心。虽然做出决定后仍可能出现问题，但犹豫不决，问题会更大。

因此，领导者必须有决断力，有敢于说"不"的勇气。

各司其职，不在其位，不谋其政

智谋原典

为人臣者陈而言，君以其言授之事，专以其事责其功。功当其事，事当其言，则赏；功不当其事，事不当其言，则罚。

——《韩非子·二柄》

译文

做臣子的发表一定的言论，国君根据他们的言论授予相应的职事，以职事责求功效。功效符合职事，职事符合言论，就奖赏；功效不符合职事，职事不符合言论，就惩罚。

韩非子主张，君主应对不能尽职的臣下予以惩戒，对越权的臣下严惩不贷。

在《韩非子·二柄》中，有这样一个故事：

韩昭侯喝醉酒之后睡着了，替韩昭侯管理帽子的侍从担心他着凉，就给他披了一件衣服。韩昭侯睡醒之后非常高兴，问身边的侍从:"是谁给我盖的衣服?"侍从回答:"是负责管理帽子的人。"韩昭侯于是治罪管理衣服的人,并且杀死负责管理帽子的人。

韩昭侯似乎显得冷酷,但在韩非子看来,治罪管理衣服的人,是因为他失职;治罪管理帽子的人,是因为他越权。韩昭侯并不是不怕冷,而是认为越权的危害远甚于寒冷。他是在向职责不清的工作方式说"不":越权即死。如此,臣属既不敢失职,又不敢越权,易于被君主掌控。

下属越权大多由于职责不明,造成无意地、不自觉地越权;或者擅作主张、横加干预,使领导的权力被架空,引发混乱。

如何防范下属越权?可实行"两步走"策略。第一步,领导者放权时要摆正摆平,提高透明度,避免因分配不公引发下属的心理不平衡。放权重在职、权、责"三位一体",并要制定出相应的实施细则,各司其职、各拥其权、各负其责。

如果下属有疑惑,领导应公开解疑,光明磊落,避免其他下属猜忌、议论,也避免心存不满者故意越位、越权。

第二步,放权后加大监管力度,管理者重在分析掌握下属的个性心理和动向,评估其工作能力、绩效和态度,力求多方协调,这也是规避越权的有效方式。

防范再周密,下属仍有可能越权,对此领导者要具体分析、冷静处理,不应简单批评处罚,草率决定。首先,应分析领导者的工作是否到位,有没有因为疏忽给下属可乘之机。其次,应查明下属越权的动机,是利欲熏心、恣意妄为,还是出于公心、过失,应区别对待。对前者不可饶恕,需杀一儆百,以加强管理的力度,维护权威;对后者也不可既往不咎,而应酌情处理,根据越权造成的危害程度,令下属承担相应责任。

应当承认,如果下属确实是出于责任感和进取心而越权,其精神可嘉,比起得过且过、明哲保身的人,显然更可贵。因此,领导应予以理解,但也不必大加赞扬,毕竟其越权已成事实,且

已造成危害。明智的做法在于用行动表明立场,如果下属的才能确实大大超出职位要求,需要一个更广阔的发展平台,领导者就应采取公正态度予以调整,以发挥下属的才干。这样既做到了公正公平,又整合了企业人力资源。下属也会为领导者的无私、体贴和远见卓识所感动,更会领悟到以后工作该怎样做才不负领导的良苦用心。

明确职权是每一个员工的本分,"不在其位,不谋其政",人人都需铭记于心,并切实遵从。不管初衷如何美好,即使是为企业着想,下属也切忌自作主张、我行我素。在可能越权之前,应先与领导沟通、陈述想法,让领导权衡利弊后调整定夺。这不仅能确保工作有序进行,也可为个人的生存发展增添生机和希望。

高处不胜寒,警惕捧杀

智谋原典

故知之难,不在见人,在自见。

——《韩非子·喻老》

译文

认识人的最大困难,不在于能认识别人,而在于能认识自己。

人贵有自知之明,每个人都应对自己的才能有一个客观、公正的评价,对自己能力范围之内的事情竭尽全力,对能力范围之外的事情不要随便插手、干涉。

然而,人们很难认识自己。韩非子认为,智慧就像眼睛,能够看到百米之外的东西,却看不见自己的睫毛。

一只秃鹫飞过王宫,看见黄莺受到国王的宠爱,于是就问黄莺:"你是怎么得到国王宠爱的?"

黄莺回答说:"我到王宫后,唱歌十分动听,国王非常喜欢听,就经常拿珍珠来装饰我。"

秃鹫听了,心中很是羡慕,它想:"我也应该学学黄莺,说不定国王也会喜欢我。"于是它就飞到国王的寝宫,开始叫起来。国王正在睡觉,听到秃鹫的叫声,感到极度恐怖,就吩咐手下把秃鹫抓了来,并拔光它的羽毛。

秃鹫满身伤痕地回到鸟群中,恼羞成怒,到处对别的鸟儿说:"这都是黄莺害的,我一定要报仇!"

可笑的秃鹫,连最起码的自知之明都没有,竟然跑去模仿黄莺唱歌,难怪会落得如此下场。

很多领导者,耳边经常充满阿谀奉承之词,很容易飘飘然,迷失自我,以致自我膨胀。自知之明,意味着领导者应准确评估自己的能力,确有把握,能够胜任,否则可能会陷入完全无助的困境。即便一时侥幸,终会因滥竽充数而露馅。

领导者虽然掌握决策大权,但要一切顺利,就必须保持清醒的自我认识,"术业有专攻",专业知识还应向专业人士请教。如果领导者在不擅长的方面自作主张,在重要的场合说不符合自己身份的话,将会动摇领导地位,严重者甚至会失去民心,众叛亲离。对此的解决办法是外行可以领导内行,关键是要尊重内行。

尊重内行,需要领导者自觉。不懂技术,可以请最优秀的技术人员;不懂财务,可以请最好的财务官;不懂管理,可以请最好的管理者。"知之为知之,不知为不知,是知也。"

人生有一个最基本的公式,那就是我们只能去做能力范围之内的事。如果领导者缺乏自知之明,贸然去做能力之外的事,就会招致厄运。

保持距离,权威需要神秘氛围

智谋原典

君无见其所欲,君见其所欲,臣自将雕琢;君无见其意,君见其意,臣将自表异。

——《韩非子·主道》

译文

君主不应表现自己的喜好,一旦表露出来,臣子就会精心粉饰自己的言行;君主不应展现自己的意图,一旦展现,臣子就会自我伪装。

君臣之间的关系往往充满了无尽的猜疑与争斗,因此君主必须保持一定的神秘性。君主越是难以捉摸,臣子就越加谨慎恐惧,而维持这种神秘感的关键在于保持适当的距离。

领导若要稳固权势,就必须隐藏自己的真实想法,不让下属洞悉自己的所思所想。只有这样,下属才不敢心生异志,不敢有所图谋。因此,领导者的内心世界,包括喜怒哀乐,都不应与下属分享,否则就可能被他人利用。与下属过于亲近的领导,未必就是优秀的领导者。

春秋五霸之一的齐桓公,喜欢美食,而易牙是烹调的高手。一天,齐桓公开玩笑说:"人世间美味我唯一没有吃过的就是人肉,不知道人肉是什么味道!"易牙听后,为讨齐桓公欢心,就将自己年仅三岁的儿子杀了,做成佳肴,献给齐桓公。齐桓公非常感动,对他更为宠信。

管仲临死时劝诫齐桓公说:"易牙杀死自己的儿子来讨好国

君,可谓无情无义,无论如何都不能接近他,否则只会给齐国带来灾难。"

但是齐桓公并没有将管仲的话放在心上,继续宠信易牙。不久齐桓公病重,易牙与竖刁一起把持朝政,杀戮群臣,齐国大乱。齐桓公也被活活饿死,死后很久也无人敢去收尸。

领导者的喜好即弱点,弱点一旦被掌握,就可能受制于人。因此,领导者应保持神秘,以神秘营造威严,使下属不敢有非分之想。这种神秘感比实际的惩罚更能让下属感到威胁,从而不敢轻举妄动。

刘邦平定天下做了皇帝以后,废除秦朝的礼仪,力求简易。当时大臣们在朝堂上经常做出失礼的行为,饮酒争论,醉后喧哗,甚至拔剑击柱。汉高祖对这种情况渐渐感到不满,叔孙通向汉高祖建议制订宫廷礼仪,得到汉高祖的同意。叔孙通是秦朝博士,他到鲁国故地征召约 30 名儒生到长安,协助演习宫廷礼仪。一个多月后,叔孙通邀请汉高祖观礼。

天亮时,由谒者掌礼,来访者依次进入殿门。宫中设有车骑、步卒守卫,以及兵器、旗帜等。功臣、列侯、将军及其他军官在西列队,向东而立;文官自丞相以下在东列队,向西而立。大行依爵位高低宣示来宾上殿。于是皇帝乘辇而出,百官手执旗帜而传警,引诸侯王以下至领六百石俸禄的吏员依次奉贺。这时,自诸侯王以下,各人无不肃然起敬。礼成后开始酒会,宫内侍从坐在殿上,全部伏下,以来宾尊卑依次敬酒。九觞酒后,谒者宣布罢酒。御史在场内执法,见到不依礼仪的人便立刻把他带走。整个酒会过程中都没有人敢喧哗失礼。

汉高祖对这次朝会非常满意,高兴地说:"我今日方知皇帝之尊贵!"他委任叔孙通为太常,并赏赐黄金 500 斤。随叔孙通入京的儒生获汉高祖封为郎,叔孙通把赏赐所得全数分赠随行的儒生。

叔孙通制定的礼仪将皇帝推向至高无上的地位,拉开了君臣

之间的距离，增强了天子的神秘感，对统治大有裨益。

领导如何维持周围的神秘氛围？首先，要隐藏自己的行动和想法，不轻易展示自己的智慧和权势；其次，要隐藏个人的好恶，以免下属迎合领导，导致领导失去判断力；最后，要巧妙运用赏罚，且在执行前保密，防止下属干预。

与下属保持适当距离是领导者的必要手段。在现实生活中，每个人都戴着面具，面具背后的真实情感难以捉摸。面具的作用无非隐藏和欺骗。由于领导处于竞争的焦点，为了生存，必须先保护自己。不懂隐藏，就无法洞察骗局，无法在竞争中胜出，更不用说保护自己了。

授权不是弃权，授中有控

智谋原典

有道之君，不贵其臣；贵之富之，彼将代之。

——《韩非子·扬权》

译文

懂得治国之道的君主，给予臣子一定的权力，但不会使臣子过于显贵；臣子过于显贵，必将取君主而代之。

将权力紧握不放，下属将无法施展才华。领导者应当给予他们足够的空间，让他们有机会展示自己的能力。组织规模越大，员工越渴望分享权力。权力与责任相辅相成，只有充分授权，才能激发员工的责任感和进取心，提升他们对工作的热情。缺乏高度且充分的授权，成功的管理便无从谈起。

授权给下属，旨在最大化地提高工作效率。然而，授权并非放弃权力，也不是放任自流。若放权不当，超出合理范围，后果将不堪设想。

领导在授权之后，必须跟进监督，确保授中有控，对权力进行有效管理，以适时、准确、有力地发挥权力的最大效用。

春秋时期鲁国的阳虎，颇有才学，是个能臣。在鲁国做官期间，他假公济私，公报私仇，贪污受贿，聚敛了万贯家财，后来东窗事发，被驱逐出鲁国。他跑到齐国，取得了齐王的信任，训练军队，取得了很大成效，但是不久，他又故态复萌，再次落荒而逃。阳虎来到了赵国，赵王让他辅佐自己处理朝政。左右对此很不理解，说："阳虎名声很不好，私心很重，为什么还让他处理朝政呢？"

赵王回答说："阳虎可能会徇私营利，但是，我会小心监督他的，不给他机会。即使他有这样的想法，又怎么能如愿呢？"

在赵王的控制下，阳虎得以施展才华，推动了赵国的强盛。

授权不仅仅是简单的权力授予，更重要的是授中有控，确保监督到位。这一点在现代企业管理中同样适用。

一家著名公司的创始人，随着公司规模的扩大，意识到必须对下属进行授权。他在开设第二家分店时，首次将权力下放给优秀的管理人员。随着公司的发展，他不仅交出了更多事务的管理权，还赋予了下属行动自由和决策权。

在授权的同时，公司也注重在扩大自主权与加强控制权之间找到平衡。一方面，公司有必须遵守的规定，如商品定价；另一方面，各分店又有一定的自主权，如商品订购和促销计划。

授权必须是可控的，不可控的授权等于放弃权力。领导者在授权时，应给予下属两样东西：一是约束机制，二是激励机制。约束机制如同绳子，限制被授权者的权力范围；激励机制如同糖果，激发下属在权限范围内发挥最大潜力。领导者在授权时应牢记以下几点：

（1）将权力授予最合适的人。权力本身是死的，关键在于行使权力的人。

（2）预先考虑任务的可能性和需要的权力。在分配任务时，领导者应预先考虑下属需要哪些权力，并据此规定相应的职责和利益。

（3）每个行使权力的下属都应各司其职。权力不应重叠，也不应闲置，以确保权力和责任的明确划分。

（4）建立畅通无阻的信息传递渠道。及时了解下属的工作进展，进行必要的引导和核查，确保工作不偏离轨道。

（5）保留直接下属关系的协调权。这是领导者与下属沟通的最佳方式，不可替代。

只有授中有控、控中有授，加强对下属工作的检查和引导，才能在激发下属活力的同时，实施有效的管理。这才是明智的授权之道。

一山不容二虎，掌控权力制衡

智谋原典

豺狼在牢，其羊不繁；一家二贵，事乃无功。

——《韩非子·扬权》

译文

有豺狼在羊圈中，羊群就不会繁盛。一个家庭中有两个掌权做主的人，任何事都不会有成效。

在现代社会，职场中的人际关系对广大职场人士和企业经理人来说是一种考验。无论是分工合作、职位晋升还是利益分配，无论初衷多么纯洁公正，都可能会因为某些人的主观因素而变得复杂难解。

职场老手们习惯于不动声色，他们将办公室比作战场，在这里,每一天都是一场没有硝烟的战争。无论你是否疲惫、愿意与否,一旦置身于这个"江湖",便难免"身不由己"。

在利益的诱惑面前,谁不希望自己的权势和地位能够超越他人?一旦有人试图分享,往往就会引发激烈的竞争。

"天无二日,士无二王;国无二君,家无二尊。"正如一山不容二虎,一巢不容二雄,当两股势力旗鼓相当时,斗争便在所难免。

春秋时期,随着国力的增强,郑庄公产生了称霸的野心。由于与许国积怨,他准备发动攻击。在挑选先锋时,郑庄公设置了一个考验。他让人做了一面巨大的旗子,旗杆有三丈三尺高,还制作了一辆特别的战车。谁能拿得动这面大旗,谁就担任先锋,而且把这辆战车赏给他。命令刚一发出,瑕叔盈就拔起旗杆,往前走了三步,又往后退了三步,再把旗杆插在战车上。

瑕叔盈正想把战车拉走,颍考叔站出来说:"且慢!"只见他拿起旗杆,挥舞起来。庄公正准备任命颍考叔为先锋,这时,公孙子都又站了出来。颍考叔怕他抢走旗子,赶紧扛着旗子,拉着战车跑了。公孙子都又气又急,操起长戟就追。

郑庄公于是另外拉来两套车马,分别赏给瑕叔盈和公孙子都,这样一来,瑕叔盈、颍考叔和公孙子都三人都有了战车,矛盾暂时得到缓解。

然而,在攻打许国的过程中,作为先锋的颍考叔,一马当先,登上城墙。公孙子都见颍考叔就要抢了头功,便一箭射中颍考叔的后心。

郑国军队凯旋,郑庄公听说颍考叔是被自己人射死的,决心追查凶手。最终公孙子都自刎以谢罪。

这个故事告诉我们,君主必须掌控全局,平衡和牵制群臣。如果君主无法维持臣子之间的平衡,就可能引发祸端,甚至危及自己的地位。

在现代企业管理中,一岗一职的原则有助于明确职权、考核

业绩，确保专人专责，是企业顺利运转和集中力量办大事的重要保障。而"一栖两雄"或"一家二贵"的情况，可能导致工作中出现争功扯皮的现象，影响效率。

在企业中，领导的意愿能否实现、命令能否贯彻，关键在于下属是否绝对忠诚。如果有人与领导分权，领导下达的命令可能会受到掌权者的反对，导致下属无所适从，领导失去对局势的控制，威信受损，甚至大权旁落。

因此，一官一职对于企业精简机构、避免内耗、提高工作绩效至关重要，同时也有利于个人专业技能的发挥和提高，避免精力透支。

当然，有些人才华横溢、品行端正，一人多职也未尝不可，这既体现了对人才的尊重，也展现了灵活的用人策略。

此外，现代企业普遍倡导民主精神，但必须明确，领导应拥有最终决策权。如果过度追求民主，导致领导的决定权旁落，一旦出现意见分歧，就可能引发争端，使下属陷入困惑。有时，民主引发的争执和混乱，甚至比错误决策带来的危害更大。

公私有别，私怨不入公门

智谋原典

外举不避仇，内举不避子。

——《韩非子·外储说左下》

译文

举荐外人不排除自己的仇人，举荐亲近的人不避讳自己的儿子。

中牟没有县令。晋平公问赵武说："中牟县对我晋国而言，犹如大腿和胳膊，又像是邯郸城的肩胛骨和胯骨。我想任命一位出

色的县令，谁去才好呢？"

赵武说："邢伯子可以。"

晋平公惊讶地说："他不是先生的仇人吗？"

赵武说："我不会将私人恩怨带到公事中来。"

晋平公又问他："宫中内府的官员，派谁才好呢？"

赵武说："我的儿子可以。"

赵武推荐的 46 人，在赵武去世后，都去致哀。他就是这样，不偏不倚，没有私心。

这是《韩非子》中的一个故事，在结尾处，韩非子总结说："推荐外人时不回避仇人，推荐自己人时不回避儿子。"这是领导用人的重要准则之一，实行起来却不容易。

领导在处理事情的时候，往往会被个人感情所左右，导致判断失误，用人不当，特别是对一些能力比自己强的人。

职场中，能力出众的下属随处可见，然而不同领导对待这类下属的态度却千差万别，这不同的态度和做法，不仅影响着下属的命运，也影响着领导自身利益。作为一个领导者，要如何善用能力比自己强的下属呢？

领导者应以欣赏的眼光看待能力出众的人，平和积极地对待表现出色的下属，避免嫉妒心理。否则，就会产生过激的行为和语言，损害领导的形象和声誉。以欣赏的心态来看待下属，不仅让下属感到自豪和荣耀，还能激发他们发挥全部才能，而领导也会受到左右的尊重、信赖，大家就会团结起来，工作效率大大提高。对待有能力的下属要把握三点：用、管、养。

（1）会用人。给能人挑战性的工作，千方百计地调动他们的积极性，让他们出色完成任务、施展才华，给他们满足感，只有这样才能留住他们，不然，他们的离去只是迟早的事情。

（2）会管人。能人恃才傲物，有时甚至自行其是，因此，必须有制度约束，要多与之进行思想沟通交流，以达成共识，防止因相互不了解而产生误会，造成麻烦和损失。

（3）会养人。如果能人是鱼，组织就是水。除了要引导能人少说多做，还要善意且有艺术性地帮他改正缺点，同时要教导组织成员解放思想、更新观念、见贤思齐，使组织形成团结合作、积极进取的健康氛围。

如果领导真心希望下属能够各尽其才、各尽其能，就必须记住，只有排除主观因素的干扰，才能让下属与自己齐心协力，共同创造辉煌。

赏罚得当，天平的砝码偏不得

智谋原典

夫赏无功，则民偷幸而望于上；不诛过，则民不惩而易为非。

——《韩非子·难二》

译文

奖赏无功的人，民众就会希望从上面侥幸得到奖赏；不惩罚有罪的人，民众就会由于不受惩罚而轻易地做坏事。

赏罚的恰当与否，只在于是否适宜，而不在于数量的多寡。认为刑罚过繁或赏赐过少，只能说明对赏罚的功效与意义理解不足。

在韩非子看来，维护法律的尊严依赖于奖赏与惩罚的正确运用，但赏罚不可滥用，必须恰到好处。所谓恰当，即有功则赏，有罪则罚。唯有如此，赏罚方能发挥其应有的作用。若非如此，无功德者受赏，无罪过者受罚；或者有功不赏，有罪不罚，民众便会不思劳作而图赏赐，破坏法纪却企望逃脱法律制裁。因此，无端的施舍与赦免，虽然常被视作仁政，实际上却是国家混乱的根源。

有一次，齐桓公喝酒喝昏了头，居然连标志自己身份地位的冠冕都找不到了。他自己也感到很羞耻,觉着无脸见人,于是接连三天不肯上朝。国相管仲听说了这件事后,进宫对他说:"这的确是件丢人的事情,可以算是国耻。但是您可以通过搞好政治,让人民满意来洗刷这种耻辱啊。"

齐桓公觉得这个主意不错,于是就打开粮仓,慷慨地救济那些贫穷的人;又打开监狱,把那些只是犯了轻罪的人放出去。过了三天,老百姓果然很满意,编了歌谣唱道:"真好啊,国君怎不再将帽子丢!"

韩非子认为,管仲虽帮齐桓公在平民面前洗去了耻辱,却在他面前留下了耻辱。如果齐桓公的行为不符合原则,那么这些举动不足以洗刷耻辱;如果符合原则,为何不在丢冠之前施行?这显然不是出于原则,而是为了弥补失误。开仓济贫,等同于无功受赏;释放囚犯,等同于有罪不罚。这样的行为会导致民众怠惰,无视法纪,成为社会混乱的诱因。

赏罚分明是驭人之术的重要手段。若对为己效力之人不能实行明确的赏罚,则会招致怨恨,使小人得志,能者离心。

不忍苛责他人似乎体现了仁慈,但也会使人失去原则,任人欺侮。特别是领导者,若过于亲和,对应当奖励的人不予足够奖励,对应当惩罚的人不予惩罚,那么他将失去公正。

陈元是一家投资公司的员工。一次,他接到了一笔大单,将操控1500万元为客户赚钱。任何人都知道,理财投资有风险性和较长的周期,所以陈元非常谨慎地做起了投资计划。

经过两年的时间,陈元为客户赚取了660万元的收益。公司对他感到非常满意,并擢升他为投资部门经理。但是,在表彰大会上,他却因曾与客户发生激烈争执,险些导致客户撤资,而受到批评并被罚款5000元。这一处罚表明,即使有功,原则性错误也不应被忽视。

对有功者慷慨赏赐是领导者气度的体现,而对犯原则性错误者宽容则等于纵容,会破坏团队的规矩,导致人心涣散。如果一

个国家或团队不能赏罚分明,那么善行将减少,恶行将增多,因为后者知道可以免于惩罚。这样的团队必然不团结、不和谐。

唯有论功行赏、论罪处罚,领导者才能留住人才,剔除害群之马。关键在于公正、讲情义、讲道理。任用人才,应不论亲疏,只看功过。对则奖,错则罚,界限清晰,这样才能减少团队内部的纷争,增强凝聚力,降低因不和造成的损失,提高工作效率。

利益相诱,而非空言相许

智谋原典

主卖官爵,臣卖智力。

——《韩非子·外储说右下》

译文

君主卖的是官禄爵位,臣子卖的是自己的智谋和力量。

每个人都追逐自己的利益,人际关系往往基于利害相连,君臣之间也不免是一种交换关系。臣子竭尽全力,国君则以封爵和俸禄作为回报。

在汉朝,有一位官吏名叫石奋,他15岁时便跟随刘邦打天下。石奋虽不善言辞,但行事恭敬谨慎。他出身贫寒,家中仅有失明的母亲和一个姐姐。石奋随侍刘邦,深得宠信。刘邦不仅赐予他官职,还将他的母亲接到长安,封他姐姐为妃子。石奋感激刘邦的恩德,为官更加勤勉,他的4个儿子在父亲的教导下,也都品性优良,严谨正直,最终都成了享有二千石俸禄的高级官员,因此石奋被尊称为"万石君"。

到了孝景帝时期,石奋虽已致仕,但每年仍作为大臣参加朝会。每次经过皇宫门楼，他都会下车快步前行，见到皇帝车驾则俯身致敬。对于皇帝赏赐的食物，他总是跪拜后才食用，仿佛皇帝就在眼前。他的子孙遵循他的教诲，全家因恭敬严谨而闻名全国。

人性本好利恶害，人与人之间的关系往往简化为利害关系。车匠制车，希望他人富贵以售车；棺材匠制作棺材，则希望他人早逝以售棺。这并非车匠仁慈而棺材匠狠毒，而是利益驱使。同理，后妃、夫人、太子结党，可能希望君主早逝以谋权势。他们的行为并非出于对君主的憎恨，而是利益所在。因此，君主必须警惕那些可能希望自己死亡的人。

既然君臣关系建立在利益计算之上，领导者在使用下属时便带有强烈的功利性。为了激发下属的能力和积极性，领导者需要掌握有效的驭人术。

在教育环境中，调皮捣蛋的学生常常让老师束手无策。老师指派班长监督这些学生，违规者将受到严厉批评甚至开除的处罚，但效果有限。后来，老师改变策略，对守纪律的学生给予奖励，结果学生们都开始遵守纪律。

公园管理也是如此。尽管偷盗花木会受到惩罚，但被发现的风险较小。当对举报者进行奖励时，游客都变成了管理者，偷盗行为的风险大增，不良分子就不敢轻易下手。在这种情况下，激励公众监督比惩罚偷盗者更为有效。

利益是一种需求，聪明的人更愿意被他人需要而非感激。因为如果你被他人需要，你就在他们心中变得重要。需求心理比感谢更有价值，因为需求能让人铭记在心，而感谢之词则会随时间淡忘。

作为强者，与强者结盟是愚蠢的，因为他们已经足够强大，不在乎你的存在；而与弱者结盟则更为明智，因为他们需要你，从而依附于你，使你成为他们的主宰。他们不敢离开你，因为那

可能带来危机,威胁到他们的地位。

领导与下属之间的和谐关系,依赖于利益上的纽带。只有当双方存在利益联系时,出力者才会自觉服从法度,全力以赴;维护制度者才会怀有忠贞之心,献身于事业。只有这样,领导者才能安心,确保自己的地位稳固。

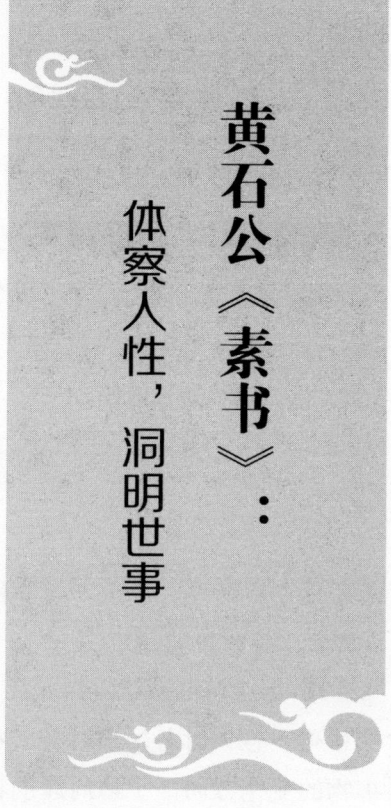

黄石公《素书》：体察人性，洞明世事

《素书》，相传为黄石公所著，字字珠玑，句句箴言，其对人性的洞察深刻至极，对世间万事万物的本质及其发展规律的观察更是细致入微。书中警示世人，应当遵循"道"的法则来行事，否则难免会遭遇灾祸与失败。

改变自己,适应现实

智谋原典

道者,人之所蹈,使万物不知其所由。

——《素书》

译文

道,即人所遵循的自然规律。世间万物都按它来运行,但人们并不知道它来自何方,将归何处。

诸葛亮说:"腐儒俗士岂识时务,识时务者在乎俊杰。""识时务"即能够认清事物的变化方向,了解问题的特征。事物的变化方向、问题的特征可以统称为"道",即基本规律。顺应事物发展的规律,是保证行动正确的第一步。不过,《庄子·至乐》中的鲁侯似乎并不明白这个道理。

有一天,一只罕见的海鸟飞到了鲁国城郊。因为鲁侯喜欢养鸟,于是人们便捉住海鸟献给他。一见奇鸟,鲁侯非常欢喜,便尽心竭力地为它创造良好的生活条件。他将海鸟供养在庙里,让厨师为海鸟准备丰盛的宴席。不仅如此,他还命人演奏高雅的乐曲,让人跳优美的舞蹈。结果,海鸟受了惊吓,滴水不进,粒米不沾,三天后便死了。

鲁侯的愿望很美好,但是他不顾海鸟的习性,将自己的主观愿望强加给海鸟。所以,食物再丰盛,音乐再动听,歌舞再优美,也无法令海鸟生活舒适,而只会让事情越来越糟。

正因如此,古人强调"不妄为"。天有昼夜,岁分四时,日月往来是天之理;海纳百川,万物荣枯是地之理;父子之亲,夫妇之别，朋友之信，是人事之理。农家顺应天时才能有良好的收成；百姓顺应人事之理，社会才能和谐。遵循万物自然规律办事，才可以让生活更有秩序。

或许有人会问："世事的发展都有规律，但它们也在不断地变化，我能够做什么？"

第一，预见下一步的变化，永远抢在变化前头主动改变；

第二，应变，你变我也变，跟着变；

第三，在其他人变了以后，要比别人变得更快，追赶超越其他人。

世间万物都在变。没有变化，就会落后，就无法生存。事变我变，人变我变，适者方可生存。人的生存离不开环境，环境一旦变化，人就必须随时调整自己的观念、思想、行动及目标以适应这种变化。这是生存的客观法则。

事物的规律就像容器一样，为人处世应当像水与容器相合，改变世界很难，改变自己却很容易。如果谁有能力、有办法适应环境，使之契合自己的能力和欲望，准能占得先机，取得成功。

成本最低的人情投资

智谋原典

礼者，人之所履，夙兴夜寐，以成人伦之序。

——《素书》

译文

礼，即人所遵循的社会规范。在礼制的规范下，每个人都克勤克俭，按照各自的社会角色行事，形成和谐的社会秩序。

杨时是北宋才子，自小便聪颖异于常人。长大后，他拜程颢、程颐为师，精研理学。一天，杨时与同学游酢去见程颐。当他们来到程颐住处时，只见老师正闭着眼睛坐着。杨时与游酢就侍立在门外，恰巧下起了鹅毛大雪。等到程颐察觉时，门外的雪已经一尺多深了，杨时和游酢的身上已经落满了雪花。

"程门立雪"的故事一直为后世所颂扬。当时，并没有人要求学生以这种方式来表达尊师重道之情，杨时他们只是遵从心里对老师的敬意。同样，"三顾茅庐"也是刘备在面对胸藏天地的诸葛亮时所流露的尊贤与求才之心。对他们来说，自己的所作所为只是尽心而已。可以说，守礼是成本最低的投资，却能换回最大的人情回报。

《论语·季氏篇》有曰："不学礼，无以立。"人如果不懂得礼仪，就无法立身处世，所以黄石公说："礼者，人之所履，夙兴夜寐，以成人伦之序。"人们必须遵守礼仪规范，社会才能有序。

针对礼仪的问题，著名学者季羡林先生曾经引用报纸上的一段话说："富者有礼高质，贫者有礼免辱，父子有礼慈孝，兄弟有礼和睦，夫妻有礼情长，朋友有礼义笃，社会有礼祥和。"足可说明"知礼守礼"对生活、交往、社会的重要性。

孟子曰："仁者爱人，有礼者敬人。爱人者，人恒爱之；敬人者，人恒敬之。"荀子说："仁义礼善之于人也，辟之若货财粟米之于家也。"唐代张九龄也称："人之所以为贵，以其有信有礼。"可见只有懂得礼仪的人，才能受人尊敬，从容处世。

对个人而言，礼仪能让人显得高尚而有涵养。正是因为礼仪的存在，人们才抛弃了野蛮的生活状态，和平共处。

晏子是战国时期齐国的卿。有一回，晏子和一些大臣一起陪齐景公饮酒。齐景公最爱喝酒，他一喝酒便忘乎所以，甚至喝得酩酊大醉，几天不醒。这时，正喝在兴头上，齐景公便说："寡人今天愿与各位爱卿开怀畅饮，请不必拘泥于礼节。"

晏子一听便严肃地对齐景公说："您这话不对。臣子们本来就不希望君王讲礼节。本来力气大的人可以称为兄长，胆量大的人可以杀掉他的官长和国君，只因为畏惧礼节才不敢这么做。如果臣下都随心所欲，只凭力气和胆量行事，就会天天换君主，那您将在哪里立足呢？人之所以比其他动物高贵，就是因为人能用礼法来约束自己，所以不能不讲礼节。"

齐景公觉得很扫兴，便不理晏子。过了一会儿，齐景公有事出去，除了晏子安坐不动之外，其他大臣都站起身来相送。等齐景公办完事回来时，晏子也不起身相迎。齐景公招呼大家一齐举杯，晏子却不管三七二十一，先把酒喝了。

齐景公见此，气得脸色铁青，瞪着晏子说："你刚才还大讲特讲礼节如何重要，你自己却一点儿不讲礼法。"

晏子连忙离开席位，叩头谢罪，说："臣不敢无礼，请大王息怒。我只不过是想把不讲礼节的实际状况做给大王看看。大王如果不要礼节，就是这个样子。"齐景公恍然大悟，说："这的确是寡人的过错。请先生入席，我愿意听从您的教诲。"

晏子通过不守礼节的行为，告诉齐景公礼仪对于一个国家的重要性。不学礼，无以立，上好礼，则民莫敢不敬。敬人者人恒敬之。你给予他人足够的尊敬，他人也会始终尊敬你。

德国有一句谚语叫"脱帽在手，世界任你走"。懂礼节不一定总能为你带来好运，但不懂礼节往往会使你与幸运擦肩而过。要想在纷繁复杂的社会中走得更远、更好，需要心间常驻"礼"。

小胜靠智，大胜靠德

智谋原典

夫欲为人之本，不可无一焉。

——《素书》

> 译文

　　道、德、仁、义、礼是做人的五项根本原则，修身立业缺一不可。

　　张良，字子房。其祖张开地，为战国时期韩国三朝宰相；其父张平，为韩国两朝宰相。及至张良，秦国灭韩。国破家亡，张良便伺机刺杀秦始皇以报国仇家恨。公元前218年，张良于博浪沙狙击秦始皇失败，便隐姓埋名，隐于下邳。

　　一天，张良行经下邳桥头，一位粗布短袍的老翁来到他身前，故意将鞋丢落桥下，对张良说："你下去帮我把鞋捡回来。"尽管张良对于老翁的举动十分不满，但仍强压心中怒火，替他把鞋取了回来。不料，老翁竟对张良说："给我把鞋穿上。"说罢跷起脚来。张良怒火大炽，但他依然强忍胸中不平，跪于老翁身前，小心翼翼地帮老人将鞋穿好。

　　老翁穿好鞋后，起身大笑，然后转身离去。张良在桥上呆呆地望着老翁离去，却又见他转身回到了桥上。他对张良说："孺子可教，5天后的凌晨，你在这桥上等我。"张良尽管疑心，但仍恭敬地答应了。

　　5天后，张良按约定的时间来到桥上，只见老翁早已等在那里。见张良到来，他生气地斥责："与老人约，为何误时？5天后再来。"经过了这一次，张良便提早一些来到桥上，但还是比老翁晚到了一步。老翁教训了张良一番后，又约他5天后相见。第三次，张良在头一天半夜便来到桥上等候老翁。当老翁来到桥上见到张良后，高兴地说："这就对了。"说完，他拿出一本书授予张良："读此书，可为帝王师。你10年以后就会发迹。13年后到济北见我，谷城山下的黄石就是我。"老翁说完便离开了。从此，再也没有人见到过他。

　　张良从老翁处得到的书即《素书》，赠书的老人即黄石公。据说，张良正是凭借书中智慧成为刘邦智囊团中的核心人物，辅佐刘邦成就帝业。《素书》也因此备受推崇。这不仅仅是因为它是一部讲授谋略的宝典，更重要的是它传达了为人处世、立身成名的最根本要旨。当年黄石公授张良《素书》，正是看中了他的内在品质：隐忍、坚定、恭敬、谦虚。

修身是为人处世第一要义。儒家思想强调在"齐家、治国、平天下"之前，先要"修身"。只有做到诚挚待人、光明坦荡、宽人严己、严守信义，才能赢得他人的信赖和支持，为事业的发展打下良好的基础。因此，《素书》将"道、德、仁、义、礼"作为人生大格局的组成部分。

高尚的德行是一种境界、一种追求，也是一种力量、一种格局，更是一种震慑邪恶、净化环境、吸引财源的动力。德能使人内力强劲，无往而不胜。大胜靠德，人生的成就往往与品德的修养成正比。我们要想取得事业上更大的成功，就必须注意自己的品德修养。

《易经》说："地势坤，君子以厚德载物。"一个人的能力是有限的，心胸开阔、宽容待人才能得到别人的尊重和爱戴，别人才会努力工作，尽心为你效劳。有德之人更能明白别人所追求的利益，并能尽力给他最大的满足。人生于世，一为名，二为利，三为尊重。

世间技巧无穷，唯有德者可用其力；世间变幻莫测，唯有品格者可立一生。正如《左传》所说："太上有立德，其次有立功，其次有立言。虽久不废，此之谓不朽。"最上等的，是确立高尚的品德；次一等的，是建功立业；再次一等的，是著书立说。

真正的学问不都在书本上

智谋原典

贤人君子,明于盛衰之道,通乎成败之数,审乎治乱之势,达乎去就之理。

——《素书》

译文

贤明的人和有德行的君子,都明白世间万物兴盛、衰败的道理,通晓事业成功、失败的规律,知道社会太平、纷乱的局势,懂得把握进退的尺度。

真正的学问并不都在书本上。古人说"世事洞明皆学问","洞明世事"才能成就真正的学问,人必须对自己身处的环境有足够的认识,懂得成事的规律,才能把握好进退的尺度。

古时,贤人君子能够对社会的盛衰治乱进行分析,是因为他们明、通、审、达,能搞清当时的大背景,理顺身边的小环境,恰如其分地摆正自己的位置。"萧规曹随"的主人公曹参便是这样一位洞明世事的人。

曹参在萧何死后接替了丞相之位,成为西汉历史上第二位丞相。他一切都遵照萧何制定的规章,丝毫不加以变更。为官清闲自在,经常喝酒取乐,消磨时光。汉孝惠帝对曹参的无为十分不解。面对孝惠帝的质疑,曹参问:"陛下自以为比高帝如何?"

孝惠帝说:"我岂敢与先帝相比!"

曹参又问:"陛下以为臣与萧何比,谁更贤明?"

孝惠帝说:"你不及萧何!"

得到孝惠帝的回答后,曹参说:"高帝与萧何共定天下,朝政清明,百姓安乐。所定法令深入民心,百官守职。陛下与臣等只要继承先帝的章法,守而不变,遵而勿失,天下则安矣,何必节外生枝?"

孝惠帝忽然明白了曹参的心思,频频点头称赞他说:"曹相国真忠臣也!"

秦时施行暴政,楚汉之争又战乱不断。汉朝建立后人心思定,国家建设和发展成为首要之务。萧何在任丞相时已经做到纲纪清明,曹参继承了相位以后,并不急于追求功绩。清楚国家形势,该做什么,不该做什么,心中了然,这正是他的聪明之处。

可见,人光有才华不够,光有能力也不足以立足于天下,真正的聪明人看得清成败的规律与社会局势,懂得把握进退的尺度。

处逆境,当做潜龙

智谋原典

故潜居抱道,以待其时。

——《素书》

译文

当时机不对时,能够及时退隐,坚守正道,等待时机来临。

时机不成熟时,应该等待,只要坚守信念,他们的价值终有一天会被发现。人们常说"机缘巧合",其实"机缘"无所谓"巧合"。

庄子为解释"机缘",讲了鲲鹏的寓言:

"鹏之徙于南冥也,水击三千里,抟扶摇而上者九万里。……风之积也不厚,则其负大翼也无力。故九万里,则风斯在下矣,

而后乃今培风；背负青天，而莫之夭阏者，而后乃今将图南。"

庄子的意思是，大鹏鸟要飞到九万里高空，非要等到大风来了才行，如果风力不够，它的翅膀就没办法打开。风力越大，起飞就越容易。如果将人比作大鹏，那么托起成就的"大风"则是气度、学问、能力。这些素养正是我们在事业高峰期到来之前应该培养的，而且应该把它们培养得如大海般深广才行。如战国时期的纵横家苏秦，身处弱势而不气馁，仍坚持自己的理想与抱负，把弱势当作奋发图强的机会，当作韬晦蓄势的时间优势，终于有所作为。

苏秦曾随鬼谷子学游说术多年，后辞别老师，下山求取功名。苏秦先回到洛阳家中，变卖家产，然后周游列国，向各国国君阐述自己的政治主张，希望能施展政治抱负。但是，没有一个国君欣赏他，苏秦垂头丧气地回到洛阳。家人见他如此落魄，都不给他好脸色，苏秦央求嫂子给他做顿饭，嫂子都不给做，还狠狠训斥了他一顿。苏秦从此振作精神，苦心攻读。他把头发束住吊在房梁上，用锥子刺自己的大腿。"头悬梁，锥刺股"便由此而来。

一年后，苏秦看清了当时的政治形势，开始第二次周游列国。这一次，他终于说服了齐、楚、燕、韩、赵、魏六国"合纵抗秦"，成为"纵约长"，做了六国的丞相。此时的苏秦衣锦还乡，他的亲人一改往日的态度，"四拜自跪而谢"。

沉潜的日子相当于长长的助跑线，能够让你飞得更高、更远。所有的成就都不是一蹴而就的，只有静下心来日积月累地积蓄力量，才能在机遇到来时乘势而起。处逆境，当做潜龙，一旦时机成熟，便是飞龙在天。

孟子曰："穷则独善其身，达则兼善天下。"这是对沉潜以待的深刻解读。把每一种障碍都当成自我提升的机遇，永远不要对高难度任务有畏难情绪。否则，就会错失学习和提高的机会，流失让自己更加强大的土壤。

成大事者，不拘泥于小事小节

智谋原典

是以其道足高，而名重于后代。

——《素书》

译文

人能达到很高的境界，就能成为后世的典范，为后代所敬仰。

一个拥有"道足以高"品质的人，为何能在历史的长河中留下深刻的印记？黄石公的教诲深刻地启示我们，高尚的道德品质是行走世间的一张通行证。无论时代如何变迁，美德始终是触动人心最深的武器。在美德的光耀下，一切不幸都显得微不足道。你可能只是一个普通人，但如果你持有美德这张无价的通行证，你的人生将因此而熠熠生辉，从平凡走向卓越。只有美德，才能带你抵达真正成功的彼岸——一种精神上的不朽。它让你以宏大的视角审视宇宙，让你的生命得以在巅峰之上俯瞰世间，从而提升你的灵魂高度。

在行事为人的过程中，我们应致力于有益之事，勤勉做事；在塑造自我时，应努力成为优秀之人，正直做人。做人的根本在于多做利人利己之事，避免损人利己之行。在美色和财富失效之后，温和的风度和迷人的品格魅力却能留下难以磨灭的印迹。

在做人做事时，不宜过于张扬，应保持谦逊，不骄不躁，善于收敛锋芒，做到大智若愚、大巧若拙。真正的成功依赖于德行而非权谋，正道而非计策，礼仪而非权术。成就大业者，往往拥有一颗谦逊谨慎的心，他们从不夸耀自己的实力。

只有深刻理解做人的道理，历经生活的磨砺，才能拥有大智

慧,担当大事业。凭借健全的心智、旺盛的精力、正确的行动,我们才能实现事业的辉煌。而成大事者,不会在细碎的小事上纠缠不清;正如鉴赏美玉者,不会过分关注其微小的瑕疵;获取巨木者,不会因一点蠹蛀而放弃。因为,过度追求完美反而难以得到完美的美玉;因一点瑕疵而舍弃巨材,世间便无完美之材。要成就大事,必须立足全局,不拘泥于小事小节。

北宋名将狄青与猛士刘易的故事,就是一个生动的例证。狄青即将驻守边塞时,好友韩将军向他推荐了刘易。刘易精通兵法,善于指挥战斗,对边境情况了如指掌,可以为狄青带来很大助力。然而,刘易有一个怪癖,特别爱吃苦荬菜,一旦吃不到就会情绪失控,甚至打人,这让士兵和将领都对他有所忌惮。

刘易随狄青来到边塞后,从内地带来的苦荬菜很快就吃完了,而边塞又无法找到这种野菜。一日,士兵送来的饭菜中缺少苦荬菜,刘易大发雷霆,甚至摔掉了餐具。士兵将此事报告给狄青,狄青十分生气。

面对这种情况,按理说刘易不应留在军队中,但他确实与众不同。狄青考虑到与刘易正面冲突会影响与韩将军的关系,也可能影响刘易的情绪;但若置之不理,又可能动摇军心,影响边防大业。

于是,狄青亲自安抚刘易,并立即派人回内地购买苦荬菜。一些将领对此表示不满,认为狄青过于迁就刘易。狄青则劝阻他们说:"刘易并非我的部下,若与他计较,争强斗胜,恐怕会让敌人有机可乘。我们现在需要团结一致,不可因小事而影响大局。"

刘易被狄青的宽容所感动,意识到不应给狄青添麻烦,并最终道歉,承诺报答。从此,刘易不再为小事闹事,反而成为宣扬狄青胸怀的使者。狄青的格局和风范,赢得了全军上下的敬仰,他站在更高的角度处理问题,不因小瑕疵而影响大局,这种气度正是我们每个人应当学习的。成就大事,不拘泥于小事小节,这是一种智慧,更是一种境界。

许劭《予学》：大成功需要大施与

东汉时期的名士许劭，曾预言曹操为"治世之能臣，乱世之奸雄"，他不仅具有辨识人才的远见卓识，在谋略上也展现出非凡的才能。在《予学》一书中，他以掌控天下的气度，以及"大成功需要大施与"的深刻见解，阐释了"予"与"不予"之间的微妙智慧，揭示了成就伟业的关键。

没有什么比生命和希望更重要

智谋原典

大失莫逾亡也,身存则无失焉。大得莫及生也,害命则无得焉。

——《予学·得失》

译文

最大的失去没有大过死亡的,只要生命还在,就不算是真正的失去。最大的收获也没有大过生命本身的,如果性命受到损害,那么一切都是一场空,谈不上得到什么。

战争讲究能胜则战,不能胜则守。留得青山在,不愁没柴烧。遇到逆境和危机时,有的人一蹶不振,有的人则懂得克服困难,以退为进,养精蓄锐,化危机为转机。

有一位年轻人,从童年起,他的经历就非常悲惨。

很小的时候,母亲就去世了,父亲经常在外打工,也不能精心照料他。因此,他从小就学会了照顾自己,拥有很强的独立生存能力。

读中学时,他的父亲又因车祸去世了。从此,这位年轻人在世上就再也没有可以依靠的亲人了。

可是,老天爷似乎没有打算让他的苦难停止。刚刚从不幸的阴影中走出来的年轻人,在一次工程事故中失去了双腿。

面对接踵而来的打击,年轻人没有自暴自弃,反而愈加坚强。付出了几倍于常人的艰辛之后,年轻人终于攒了足够的钱,开办了一个小型养殖场。

然而,他的噩梦却没有结束。在一次突如其来的洪灾中,他所有的心血全部付诸东流了。

年轻人终于无法忍受这样的意外和不幸，他怒气冲冲地质问老天："你为什么要给我这么多灾难呢？这太不公平了！"

上天询问了他的遭遇，然后说："确实很悲惨，那你干吗还要继续活下去呢？"

年轻人气愤地回答道："我才不会死呢！我已经经历了这么多打击，我比任何人都坚强，总有一天我会创造属于自己的幸福！"

听到这句话，上天笑了。他指着一个人的背影说："你看这个人，他生前可以说是一帆风顺。不过，他和你一样，都在这次洪水中失去了一切。所不同的是，他选择了轻生，而你却没有绝望，勇敢地活了下来。"

正如《予学》中所说，再没有什么比生命和希望更重要了。面对生活的磨难，我们最不能失去的便是希望和信心，即使现在输得很惨，只要不断给自己打气，坚强地与命运抗争，隐忍奋发，就可能柳暗花明。

当你受到打击和侮辱的时候，如果你没有足够的抗争实力，不妨先吃一点眼前亏。千万不要盲目地逞一时之勇，硬碰硬，否则只能让损失更加惨重。这时，学一下韩信的忍胯下之辱，保住有用之躯，待时而动，才能换来日后的叱咤风云。

范雎本是魏国大夫须贾的门客。有一次，他跟随须贾出使齐国。齐王背地里给范雎送去一份厚礼，希望他能留在齐国效劳，但是范雎拒绝了。

须贾很嫉妒范雎，便向魏国相国魏齐告发，说范雎私通齐国。

魏齐对范雎严刑拷打，范雎的肋骨被打断，门牙也被打落两颗，几乎断气了。最后魏齐又叫人用破席把他裹起来扔进厕所，让家中宾客轮番溺尿侮辱他。范雎深知小不忍则乱大谋的道理，咬牙挺住，天黑之后才设法逃走。

范雎拼死逃出魏国后，改名换姓来到秦国。秦昭王求贤若渴，拜范雎为客卿，把魏国作为进攻目标。

魏国知道后十分恐慌,便派须贾到秦国求和。

范雎故意打扮得一副落魄的样子去见须贾,须贾不知道他就是秦国丞相,见他可怜,就给了他一些食物和衣服。

后来,范雎亮出了自己的丞相身份,义正词严地怒斥须贾,对他说:"你本该断头流血,念在你还顾及旧情,以衣食相赠,就饶你一命。赶快回去告诉魏王,速将魏齐人头送来,再谈议和之事。"

魏齐闻知后出逃赵国,最后在秦国的逼迫下走投无路,只好自杀了。

司马迁对范雎的评价颇为中肯:一饭之德必偿,睚眦之怨必报。假如当时范雎受到魏齐欺侮的时候,不是忍辱负重保全自己,又怎么会有后来的报仇呢?可见,留住青山,蛰伏隐忍,君子报仇,十年不晚。

人生不会永远旭日高照,也不会一直痛苦潦倒。面对生活中任何磨砺、任何屈辱,我们都要勇敢地驾驭它。不浮躁,不冲动,不绝望,学会忍小谋大,保存实力,等待属于自己的辉煌。

患得患失,损失更大

智谋原典

得失之患,启于不舍。

——《予学·得失》

译文

得失之间的忧患和灾难,都是因为不肯舍弃。

人生犹如一只空杯子,我们需要不断往杯子里填充内容,让生命变得更加丰富多彩。然而,同样重要的是,我们需不时地清空杯中之物。因为,无论你装入何等珍贵之物,若是一味紧握不放,它们终将腐朽变质,而杯子也将无法容纳新的内容。唯有舍弃陈旧,方能接纳新鲜,保持生命的活力与灵动。

患得患失是人生的阴影,它遮挡了我们本应享受的阳光。智慧之人懂得在舍与得之间寻找平衡,他们明白该放弃什么,以及如何在失去中收获,从而在物质和精神上丰富自己的人生。

胡雪岩是一个依靠官场崛起的商人,也经历了官场带给他的巨大冲击。

在一次官场复杂的派系斗争中,朝廷查封了胡雪岩的全部财产,他面临着一生的努力化为乌有的险境。尽管痛心,他却坦然接受,不怨天尤人。

他说:"我虽说精于商道,善于取巧,可从没有把钱当过性命。"人为财死,鸟为食亡。他深知,若生命不保,财富又有何用?

胡雪岩以平常心尽可能地把剩下的事情处理好。他没有让自己被金钱奴役,避免了财富成为生命的悲剧。

虽然经历了这次大变故之后不一定能够再次崛起,但是至少生活还能继续。活着就是一种获得。

在得失之间,我们的心常常如钟摆般摇摆不定,痛苦不堪。然而,得即失,失亦是得,这是人生不变的真理。许多人却在未得时忧虑,既得后恐惧,陷入了患得患失的困境。

有些人行事犹豫不决,担心方方面面,事后又忧虑不已,害怕失去。这种过重的得失心,只会束缚手脚,让人错失更精彩的人生和财富。

在茫茫的草原上,为了争夺被狮子吃剩的一头野牛的残骸,一群狼和一群鬣狗发生了冲突。尽管鬣狗死伤惨重,但由于数量比狼多得多,也咬死了很多狼。最后,只剩下一只狼王与五只鬣狗对峙。显然,双方力量悬殊,何况狼王还在混战中被咬伤了一条后腿。那条拖拉在地上的后腿成为狼王无法摆脱的负担。

鬣狗还在一步一步靠近,突然,狼王回头一口咬断了自己的

伤腿,然后向离自己最近的那只鬣狗猛扑过去,以迅雷不及掩耳之势咬断了它的喉咙。其他四只鬣狗被狼王的举动吓呆了,都站在原地不敢向前。终于,四只鬣狗拖着疲惫的身体一步一晃地离开了怒目而视的狼王。

狼王面对数量众多的鬣狗,尽管受伤,却毅然咬断了自己的伤腿,以换取生存的机会。这是一种悲壮而明智的选择,它告诉我们,为了整体利益,有时必须勇敢地放弃。

当遭遇不可避免的情况时,明智的选择是牺牲一部分以保全整体。失去,意味着牺牲,无论是财富还是情感,都是一个痛苦的过程。但塞翁失马,焉知非福。舍弃,是为了更大的收获。小舍小得,大舍大得,不舍则不得。

我们必须掌握取舍的艺术,选择自己应该拥有的,为了更大的利益,不计较一时的得失。只有那些不拘小节的人,才能抓住最大的机遇。

人间清醒,不贪天之功

智谋原典

予人荣者,自荣也。

——《予学·荣辱》

译文

和别人一同分享成功的果实,给予别人应得的荣耀,自己也会获得更多荣誉。

对员工来说,领导与其分享成果是一种最大的激励。一个乐于同员工分享劳动成果的企业领导,员工也乐于为企业的发展拼命效力,企业和员工实现双赢,双方共同的创业之路才会越走越远、越走越顺。

企业领导在日常管理实践中，务必要牢记这一课题。适时与下属共享劳动成果，领导的管理工作才会得到有效进行，才会取得更突出的业绩。

楚汉争霸之时，各路诸侯约定"先入关中者为王"。刘邦率领大军，一路上战无不胜，先项羽一步入主关中。刘邦初进咸阳，秦宫室、宝物、美女尽收眼底，但均不取。那他取什么呢？他的谋士萧何赶到秦王朝的宰相府，把图书、档案全收起来，以此尽知天下要塞、户口多少，哪里强、哪里弱，为日后的战争需要搜集了大量材料。

更为重要的是，刘邦和他的谋士做了如下决定：废除秦王朝苛法，与秦民约法三章，"杀人者死，伤人及盗抵罪"；准许秦王子婴投降，并安抚降吏，安定民心。这表现了刘邦顺天时，与天下黎民同利益的决心，使秦民大喜，唯恐刘邦不为王。

项羽进关中后，又如何呢？他一路上杀死秦降军20多万人，屠杀咸阳人民无数，杀死秦降王子婴，烧宫室，杀兵士，抢夺财宝和妇女，使秦民大失所望，由此也埋下了失败的种子。

从刘邦、项羽不同的利益分享方式而引发的不同人生结局，管理者可以得出这样的启示：作为一名管理者，应设法让员工分享现有的劳动成果，别忘了谁都喜欢晋级，谁都喜欢加薪，管理者如此，员工也如此。当管理者晋级加薪之时，别忘了为你打下江山的员工们，设法让他们分享你的利益，让他们也有所晋升，或得到一些奖励，这才是对员工最大的关心。

此可谓"己所欲，施于人"，可以想象，这样的企业也必然是上下一心、动力十足，效益如芝麻开花，节节升高。

小陈是一家国有企业的公关部经理。由于在与外商谈判中压低了商品价格，为企业节省了几十万元，因此企业总经理决定为小陈加薪一级，同时大幅度提高了他的提成。

获得奖励后，小陈首先想到的就是和自己一起奋战几昼夜商

讨谈判方案的员工们,于是慷慨解囊,宴请大家,随后又请他们周末一起去度假。这样一来,小陈不仅得到了上司的赏识,还得到了员工的爱戴。其实,宴请费用并不多,却大大赢得了员工们的一片忠心。

对领导者来说,让手下的员工分享你的劳动成果,不仅是对他们最大的激励,也是让自己再创佳绩的基础和动力,何乐而不为呢?

无论员工的功劳多大,最大的得利者还是老板。拿员工的劳动成果与员工共享,对老板不会有丝毫损失,对员工却是莫大的激励。一个乐于同员工分享成果的管理者,才能成为笑到最后的成功者。

先给还是先取,算盘精打

智谋原典

人皆有图也,先予后取,顺人之愿,智者之智耳。

——《予学·得失》

译文

人活在这世上,都是有所追求和企图的。先给予然后获取,顺从他人的心理愿望,这才是智者的大智慧所在。

一位商人遭遇困境,生意越做越小,于是他请教智尚禅师。禅师说:"后面的禅院有一架压水机,你去给我打一桶水来!"

商人去了之后,过了一会儿汗流浃背地跑来说:"禅师,压水机下面是枯井。"禅师说:"那你就去山下买一桶水来吧。"

商人去了,回来后仅仅拎了半桶水。禅师说:"我不是让你去买一桶水吗,怎么才半桶呢?"

商人红了脸,连忙解释说:"不是我怕花钱,而是山高路远,实在不容易啊!"

"可是我需要一桶水,你再跑一趟吧!"禅师坚持说。

商人又到山下买了一桶水回来。禅师带他来到压水机旁,说:"将那半桶水倒进去。"商人非常犹豫。

"倒进去!"禅师命令。

于是,商人将那半桶水倒进压水机里。禅师让他压水看看。商人压水,可只听见那喷口呼呼作响,没有一滴水喷出来,半桶水却全部让压水机吞进去了。

商人恍然大悟,他又拎起那整桶的水全部倒进去,再压,清澈的水喷涌而出。

想要收获,先要付出,这是一条被无数人运用过的成功策略。处理好取和予的关系,才会获得更长远的利益。只有坚持把利益给予别人,才会有更多的利益回归自己。

明朝的一位商人,准备回到故里,安心养老。

他本来打算建造新居,可是有一座老屋正好夹在自己新居的地址中。于是他便派人去跟老屋的主人商量,想买下这座老屋。

可是屋主说,这座老屋是祖上世代传下来的,无论出多高价钱都不卖。

派去的人回来非常气愤,他把事情一五一十告诉了商人,请他找官府来惩治老屋的主人。可是商人并没有同意,只让施工的人加紧建造其他部分的房屋。

当他得知老屋主人做豆腐生意之后,就让自己的家人以及施工队,每天做饭所需要的豆腐,全部到老屋主人那里购买。

老屋主人的生意越来越忙了,便招收雇工帮忙。后来,他赚钱越来越多,经营规模也越来越大。

老屋主人很感激商人对自己的扶助,便将房契拿出来交给商人,而商人则在不远处为老屋主人买了一处更大的新房子。

这位商人正是运用了先予后取的策略，最终不仅实现了自己的目的，还收获了一份和睦的邻里关系。假如他采纳手下人的建议，买通官府抢夺老屋，势必会弄得四邻埋怨，甚至两败俱伤，得不到圆满的结果。

如果在生意场中总是抱着"空手套白狼""稳赚不赔"的想法，斤斤计较于眼前的利益，是很难获得长远发展的。

当年，由于原大股东遭遇资金障碍，在发展战略上深受制约，万科创始人王石力主把万科卖给华润，同时拥有华远、万科的"华润置地"立即变成中国第一房地产巨头。在这种情况下，王石的董事长自然做不成了，当时不仅万科内部，即使华润都不理解王石的这种举动。但是，形势的发展越来越明朗，证实了王石的远见。

王石虽然做不成董事长了，却为公司的发展规避了风险。放弃手中的小利，与同行一起将蛋糕做大，蛋糕大了，也就间接促进了公司的发展。

"失之东隅，收之桑榆"，在适当的时候吃点儿亏，让别人占点儿便宜，这样，别人就觉得欠你一份人情。这样，你原本的要求也就会水到渠成地得到满足。

关系之树，要时时浇灌

智谋原典

友者，予之可久也。亲者，予之可安也。

——《予学·成败》

译文

对待朋友，要经常给予帮助，常常联络，这样，友情就可以维持长久。对待亲人，要积极给予，这样可以使家庭和睦。

无论从情感的角度，还是从实用的角度去看，人与人之间的感情投资都应该时时处处留心。这样在你需要帮忙的危急关头，才会有人及时出手相助。

我们经常会有这样的体会：当遇到困难的时候，你马上想到有一个人可以帮你解决。可是正当你想要向他寻求帮助的时候，却又想到，过去很多时候本来应该去看他或者向他伸出援手，结果你都没有去，而现在有求于人才去找他，太唐突了，甚至可能会遭到拒绝。

所以，平时不注意与人交往，建立并维持良好的关系，等到需要别人帮助时，才去开口求人，就为时已晚了。

一家企业的董事长，长期承包一些大型公司的工程。他不仅注意和这些公司的高层领导搞好关系，而且对一些年轻、地位低的职员也殷勤款待，经常施以小恩小惠。

这位董事长想方设法将这些公司员工的学历、能力、社会关系资料收集好，全面地进行了解，如果认为这个人很有前途，以后会成为该公司的要员时，不管他现在的地位多么低微，都尽心相待。

每当自己认识的年轻职员晋升时，这位董事长都会立即前去庆祝，并说："我们公司有今日的成绩，完全是靠贵公司的抬举。因此，我应该向您这位优秀的骨干表示谢意。"年轻的职员自然非常感动。等以后这些职员晋升到要职时，依然会清楚地记得这位董事长的恩情。

因此，尽管生意场上的竞争十分激烈，许多同行倒闭破产，这位董事长的公司却如日中天。

这位董事长可谓深知平时在人际关系上投资的重要性，他现在这样做，是为了今后能够获得更多、更长远的利益。要知道，10个欠自己人情债的人当中，有9个都将会带来意想不到的收益。

万丈红尘三杯酒，千秋大业一壶茶。一个人的办事能力与其人际关系有着直接关系。是否有着宽广的人际关系网，是衡量一

个人能否找对人办对事的关键。人脉有多广，办事的能力就会有多大。没有人脉的人，是绝对成不了大事的。

"谁若想在困厄时得到援助，就应在平日待人以宽。"遇到棘手的事情，自己无法解决，我们都会想办法去找可以解决问题的高人。然而高人不会从天而降，也不会无缘无故地帮助你。平时不烧香，临时抱佛脚是没有用的，真正有需要时，佛祖也不会帮你。

我们在平时要注意与人建立良好的关系，时常保持联络，编织一个有效的人脉关系网，并且还要经常维系、浇灌它，才能在关键时刻找到合适的人为你做事。

其实，维系关系并不是一件很难办的事情，有时仅仅需要随时体察一下别人的需要就可以了。特别是对处境不佳、受尽冷落之人，哪怕是一饭之恩，都足以使他终生铭记。

成功无定法，利己还要利人

智谋原典

成无定式，利己利人乃成焉。败有定法，害人害己乃败焉。

——《予学·成败》

译文

成功并没有什么固定的模式，能做到对人对己都有利，才算是成功。导致失败的道理却总是一样的，害人又害己，一切都会归于失败。

传统的你输我赢、你死我活的竞争模式，在当今社会已不再适用。真正的成功在于实现你我共赢，而利人利己正是达成这一双赢结果的黄金法则。然而，在现实生活中，许多人难以做到这

一点，因为利己的思维已经深植人心。他们忽略了自我利益与他人利益的密切联系，实际上，助人即助己。只有这样，我们才能在行事时得到他人的支持，让事情进展得更加顺利。

胡雪岩在筹办钱庄时，慧眼识珠，物色到了一位能力出众的助手。这位助手不仅业务熟练，还具备出色的交际和应变能力，尽管当时他在店中的地位不高，收入微薄。在资金尚不充裕的情况下，胡雪岩决定提前支付一笔可观的薪水给他。此举使得这位助手的经济状况大幅改善，甚至能够将家人从远方接来同住。因此，他对胡雪岩的钱庄事务自然更加尽心尽力。

在设立钱庄分号时，胡雪岩也采取了相同的策略，根据员工的生活状况和家庭背景，预支一年的薪水，帮助他们尽快稳定下来，更好地投入工作。胡雪岩深谙利人利己之道，他知道，要留住人才，就要不惜重金，确保他们过上安稳的生活。这是一种先利人后利己的做法，员工生活稳定，无后顾之忧，自然会全心全意工作，以创造更大的效益回报老板的厚爱。

一个人能赢得多少信任，就能获得多少成功的机遇和回报。因此，在能够帮助他人时，不应吝啬伸出援手，这实际上是在为自身的长远利益投资。在竞争与合作并存的社会中，人与人之间的关系是相互依存的。我们必须学会把握时机，在关键时刻伸出援手，这样总有一天我们会得到更多的回报。

无论是商业行为还是人际交往，归根结底都是"合"与"争"的艺术。这两个字都是为了获取更多利益。追求自身利益是人的本性，无可厚非，但若能在"利己"的同时更好地"利他"，最终仍会实现"利己"的目标。既为自己着想，又为他人和社会谋福利，这才是最佳策略，也是真正的成功。

有两个重症患者，他们同住一间狭小的病房，只有一扇窗可以看到外面的世界。其中一人每天有一个小时可以靠窗欣赏风景，而另一人则终日躺在床上。靠窗的人每天都会向同伴描述窗外的景色，让同伴仿佛亲眼所见。然而，有一天，躺在床上的人心生

嫉妒，最终导致了悲剧的发生。当他终于换到窗边的床位时，才发现窗外只有一堵白墙。

这个故事告诉我们，当我们从利己的角度去帮助他人时，可以达到"利己又利他"的效果。相反，为了利己而伤害他人，虽然可能一时得利，但长远来看，损失将远大于所得。利人利己的双赢法则强调的是兼顾双方利益。只有大家都能从中受益，不断创造更多共同价值，经济活动才能更好地进行。

在生活中，如果我们只追求个人胜利，而让对方失败，就很难获得他人的支持和共鸣，最终可能导致双输的局面。如果我们能够坚持互惠互利，自助且助人，就能为自己积累人脉、拓宽财路，成功的道路也会变得更加平坦。

在为自己谋利的同时，不要忘记他人。人与人之间如同锁链般紧密相连。只有当社会利益得到最大满足时，个人才能获得丰厚的回报。因此，我们应当尽力帮助那些与我们有利益关系的人。只有这样，才能实现双方共荣，为自己赢得更多的好处。

天降之福，不可轻取

智谋原典

天降之喜，莫径取焉。不测之灾，勿相欺焉。

——《予学·兴亡》

译文

天上掉下来的好东西、好事情，不要轻易就收下。突然降临的灾祸，也不要故意欺骗他人。

人们总是梦想着天降横财的美事，然而，那些看似无偿的丰厚利益背后，往往隐藏着深重的祸害。如果你心存侥幸，被突如

其来的好运所诱惑，那么很可能会落入他人精心布置的陷阱。

在古代，有一个村庄常受凶猛野猪的侵扰，村民们虽请来众多优秀的猎人，却始终无法捕获这些狡猾的野兽。

一日，一位老人驾着驴车来到村庄，车上载满了木材和粮食。老人自称能帮助村民捕猎野猪，众人听后却不以为意，连最老练的猎人都束手无策，何况这位看似瘦弱的老者。

然而，令人惊讶的是，两个月后，老人返回村庄，声称已将野猪悉数关入山上的围栏中。村民们好奇地询问其方法。老人答道："我在野猪出没的地方放置食物，起初它们保持警惕，但最终还是被食物吸引。随后，我逐渐增加食物，同时在附近竖立木板，逐步构建围栏。最终，围栏和门完工，野猪便被我困住了。"

这个故事寓意明了，警告我们天下没有免费的午餐，尤其是那些轻易得来的利益。愚昧之人见到意外之财，往往会忘记背后可能隐藏的风险，不知规避，最终因贪恋小利而招致更大的损失。

其实，追求利益、避免损害是人之常情，但关键在于分辨哪些利益可取，哪些应敬而远之。如果是辛勤劳动的成果，自然可以坦然接受；但若是来路不明的利益，就必须提高警惕，以免上当受骗。

在这个纷繁复杂的世界里，轻易得来的好事并不多见。往往在你毫不费力就能获得意外之喜时，反而可能陷入了别人的圈套，最终受害的还是自己。

张先生在地铁站附近遇到一个小伙子，其手持最新款进口手机，声称市价三四千元，若张先生有意，仅需 1000 元即可成交。张先生明知手机来路不正，却因价格低廉而心动。在查验手机功能后，他与小伙子讨价还价，最终以 600 元成交。然而，回家后张先生发现手机无法充电，经朋友鉴定，手机实为假货，内部竟是铁板和硬纸片。

张先生恍然大悟："一定是他在换卡时做了手脚！我不该贪图小便宜。"

　　如今,许多诈骗行为正是利用人们贪图便宜的心理。你的手机常会收到一些免费领取奖品的短信;你和一个人素不相识,他却给你一个突然的惊喜;你发现一个非常轻松而又获利极高的工作,对方让你先交押金……面对种种诱惑,我们必须审慎思考:这送到嘴边的肥肉是否该吃?无缘无故的好事背后必有蹊跷。

　　利益与损害如影随形,若无法辨识那些让人心动的天降之喜其实是一场骗局,就可能因贪图小利而陷入不利的境地。只有明辨利害,遇利思害,才能避免深受其害。

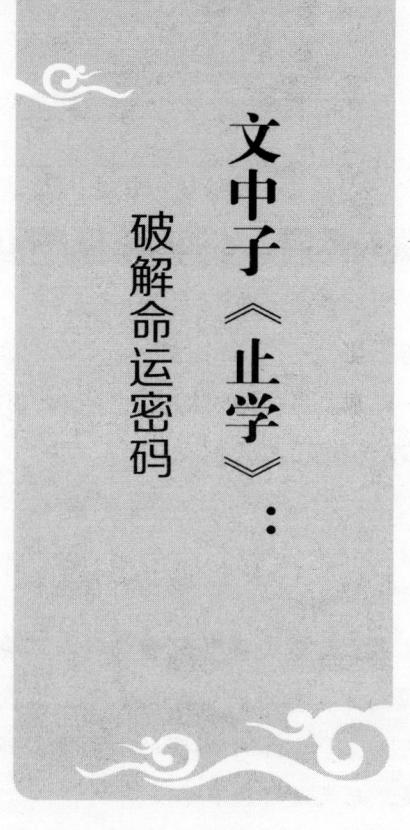

文中子《止学》：破解命运密码

《止学》凝聚了文中子的思想精髓，是一部处世宝典。书中明确指出了在何种情境下应当采取何种行动，以及应当避免何种行为。在纷扰的尘世中，它教导我们如何培养一种安定从容的心态，保持不急不躁的态度，从而收获辉煌且幸福的人生。

保持低调，才能避免树大招风

智谋原典

才高非智，智者弗显也。位尊实危，智者不就也。大智知止，小智惟谋，智有穷而道无尽哉。

——《止学》

译文

才能出众算不上智慧，真正有智慧的人不会显露自己。尊贵的地位其实暗藏危险，所以有智慧的人不会贪恋权位。有大智慧的人都知道适可而止，只有小聪明的人才不停谋划。要知道，智计有用完的时候，而天道却没有尽头。

自作聪明、爱卖弄的人到处都是，他们炫耀自己的才华和聪明，甚至故意表现得与他人格格不入。这样的人，就算大家嘴上不说什么，心里却会对他产生不屑。

苏轼在《贺欧阳少师致仕启》中说："而乃力辞于未及之年，退托以不能而止。大勇若怯，大智如愚。"有大勇，却装出怯懦的样子；有大智，却装出很愚拙的样子，如此可以保全自己的人格，也可以不随波逐流。守得"大愚"，急流勇退，方为明智之举。

金熙宗时期，石琚任邢台县令，时值官场腐败、贪污成风，只有石琚洁身自好，他还常告诫别人不要见利忘义。

石琚曾经规劝邢台守吏说："一个人到了见利不见害的地步，他就要大祸临头了。你敛财无度，不计利害，你自以为是，在我看来却是愚蠢至极。回头是岸，我实不忍见到你东窗事发的那一天。"邢台守吏拒不认错，竟反咬一口，向朝廷上书诬陷他贪赃枉法。结果,邢台守吏终因贪污受到严惩,其他违法官吏也被一一治罪。石琚因清廉无私,虽多次受诬陷,但都平安无事。

石琚官职屡屡升迁,有人便私下向他讨教升官的秘诀,他说:"我不想升迁,凡事凭良心,这个人人都能做到,只是他们不屑做罢了。"

金世宗任命石琚为参知政事,不料石琚百般推辞。金世宗十分惊异,私下对他说:"如此高位,人人朝思暮想,你却不思谢恩,这是何故?"

石琚以才德不堪作答,金世宗仍不改初衷。其亲朋好友力劝石琚道:"这是天大的喜事,只有傻子才会避之再三。你一生聪明过人,怎会这样愚钝呢?万一惹恼了皇上,我们家族都要受到牵连,天下人更会笑你不识好歹。"石琚长叹道:"俗话说,身不由己,看来我是不能坚持己见了。"

石琚无奈接受了朝廷的任命,私下却对妻子忧虑地说:"树大招风,位高多难,我是担心无妄之灾啊!"他的妻子不以为然,说道:"你不贪不占,正义无私,皇上又宠信于你,你还怕什么呢?"石琚苦笑道:"身处高位,便是众矢之的,无端被害者比比皆是,岂是有罪与无罪那么简单?再说皇上的宠信也是多变的,看不透这一点,就是不智啊!"

任太子少师之时,石琚曾奏请皇帝让太子熟习政事,嫉恨他的人便就此事攻击他别有用心,想借此赢取太子的恩宠。金世宗听后十分生气,认为石琚不是这样的人。后来,金世宗把别人诬陷他的话对石琚说了,石琚十分震惊,趁此机会坚辞太子少师之位,不敢再轻易进言。

大定十八年(1178),石琚升任右丞相,前来贺喜的人络绎不绝。石琚表面上虚与委蛇,私下却决心辞官归居。他开导不解的家人故旧说:"我一生勤勉,所幸得此高位,这都是皇上的恩典,心愿已足。人生在世,祸在当止不止、贪心恋权。"

他一次又一次地上书辞官,金世宗见挽留不住,便只好答应。

世人对此事议论纷纷，金世宗感叹说："石琚大智若愚，这样的人才天下再没有第二个了，凡夫俗子怎知他的心意呢？"

居高位者，最易败在志得意满上。相反，时刻思危、思退，以一颗出世心做入世的功夫，才是不败绝学。

山不宣扬自己的高度，并不影响它耸立云端；海不宣扬自己的深度，并不影响它容纳百川；地不宣扬自己的厚度，没有谁能质疑它的博大。拥有大智慧的人，从不宣扬自己的能耐，也没有任何人敢小觑他们的存在。李嘉诚曾说过："保持低调，才能避免树大招风，才能避免成为别人进攻的靶子。"

月满则亏，水满则溢，花开得太盛就是凋谢的征兆。道家和儒家都主张"大智若愚"，而且要"守愚"。因为要守，就不是真愚，而是真智慧。大智若愚的人给人的印象是虚怀若谷、宽厚敦和、不露锋芒，甚至有点木讷。

真正聪明的人往往低调内敛，懂得"闷声发大财"，一个谦卑又有实力的人总能赢得大家的尊重，成功者往往以低调为行事准则。低调做人不仅是一种境界、一种风度，更是一种思想、一种人生哲学。

机关算尽太聪明，反算了卿卿性命

智谋原典

谋人者成于智，亦丧于智也。谋身者恃其智，亦舍其智也。智有所缺，深存其敌，慎之少祸焉。

——《止学》

译文

谋划别人的人，成功在智谋，失败也在智谋。谋划保全自身的人，依靠智谋，但也要舍弃智谋。智谋有它缺欠的地方，也存在它的敌手，所以谨慎使用才能减少由它带来的祸患。

历史上善于筹谋的人很多，能够独善其身的却很少。真正聪明的人，懂得谨慎使用计谋。

做人爱用心机，往往聪明反被聪明误；处事太外露的人，常常首先被伤害。

杨修是曹操门下掌库的主簿，博学能言，智识过人，但他自恃其才，小觑天下之士。

一次，曹操命人建一座花园。快竣工时，监造花园的官员请曹操来验收。曹操参观花园之后，是好是坏是褒是贬，一句话也没有说，只是拿起笔来，在花园大门上写了一个"活"字，便扬长而去。一见这情形，大家犹如丈二和尚——摸不着头脑，怎么也猜不透曹操的意思。杨修却笑着说道："门内添'活'字，是个'阔'字，丞相是嫌园门太阔了。"官员见杨修说得有道理，立即返工重建园门，改造停当后，又请曹操来观看。曹操一见重建后的园门，不禁大喜，问道："谁知道我的意思？"左右答道："是杨修主簿。"曹操表面上称赞杨修的聪明，其实内心已开始忌讳杨修了。

又有一回，塞北送来一盒酥饼给曹操，曹操没有吃，只是在礼盒上亲笔写了三个字"一合酥"，并将其放在案头上，自己径直出去了。屋里其他人有的没有理会这件事，有的不明白曹操的意思，不敢妄动。这时正好杨修进来看见了，便堂而皇之地走向案头，打开礼盒，把酥饼一人一口地分吃了。曹操进来见大家正在吃他案头的酥饼，脸色一变，问："为何吃掉了酥饼？"杨修上前答道："我们是按丞相的吩咐吃的。""此话怎讲？"曹操反问道。杨修从容地应道："丞相在酥饼盒上写着'一人一口酥'，分明是赏给大家吃的，难道我们敢违背丞相的命令吗？"曹操见又是这个杨修识破了他的心意，表面上乐呵呵地说："讲得好，吃得对，吃得对！"其实内心已对杨修产生厌恶之情了。但杨修还以为曹

操真的欣赏他，所以不但没有丝毫收敛，反而不分场合地卖弄自己的小聪明，不断给自己埋下祸根，最终因"鸡肋"事件被曹操诛杀。

古人云："以巧斗力者，始乎阳，常卒乎阴，泰至则多奇巧。"一个人如果总以"心机"去对待身边的人和事，迟早会遭到别人的打击报复，甚至招来杀身之祸。

苏东坡在《洗儿》一诗中这样写："人皆养子望聪明，我被聪明误一生。惟愿孩儿愚且鲁，无灾无难到公卿。"苏东坡对自己一生因聪明而受的苦真是刻骨铭心，以至于希望自己的儿子愚蠢一点，才能躲避各种灾难。过于聪明正是许多人的痛苦之源。人人都玩弄聪明才智，只会让世界繁杂凌乱。绝圣弃智，才能朴实安然地生活。

提起《红楼梦》中的王熙凤，人们一方面惊叹于她无与伦比的治家才能、应付各色人等的技巧，一方面又感慨于她的结局。

《聪明累》中这样总结王熙凤的一生："机关算尽太聪明，反算了卿卿性命！生前心已碎，死后性空灵。家富人宁，终有个家亡人散各奔腾。枉费了意悬悬半世心，好一似荡悠悠三更梦。忽喇喇似大厦倾，昏惨惨似灯将尽。呀！一场欢喜忽悲辛。叹人世，终难定！"

王熙凤"心机又极深细，竟是个男人万不及一的一个人""少说些只怕有一万心眼子，再要赌口齿，十个会说的男人也说不过她呢""从小儿大妹妹玩笑时就有杀伐决断，如今出了阁，在那府里办事，越发历练老成了""真真泥腿光棍，专会打细算盘""天下人都叫你算计了去""嘴甜心苦，两面三刀""上头笑着，脚底下使绊子""明是一盆火，暗是一把刀"，她都占全了。这些熟悉王熙凤为人的各色人等对她的评价，活脱脱展现出了一个机关算尽太聪明的人物。然而，就是这样一个十分精明的人物，却落得孤家寡人、身心劳碌至死，最终又一无所得的下场。

在现实生活中，能够建功立业的，大多谦虚圆通；喜欢惹是生非、错过机缘的，则大多固执己见、聪明反被聪明误。人生是一个取舍的过程，很多事情需要随时调整自己，才能找到更好的前进方向。

留好退路，时时做好上岸的打算

智谋原典

势无常也，仁者勿恃。势伏凶也，智者不矜。

——《止学》

译文

势力不会一直存在的，仁德的人不会依赖它。势力暗藏凶险，有智慧的人不会夸耀拥有它。

仁德的人不会依赖权势，因为势力不会一直存在，任何势力中都隐藏着危险，智慧的人也不会夸耀自己的权势。

人说官场就如同一片海，越往深处走，就越危险。有点官场智慧的人都明白功成身退的道理，时刻保持危机意识，给自己留好退路。

在官场打拼到高位之人，都知道祸福相依的道理，也最该懂得时刻敛势以求自保。

公元234年，诸葛亮死于第五次北伐途中，蜀汉军团撤退，西线上最大的威胁被解除，时任都督雍、凉二州诸军事的司马懿成了大英雄，洛阳的表彰一路飞到长安，司马懿的威望达到了前所未有的高度。

与此同时，在与诸葛亮对峙的这些年中，司马懿为了屯集兵粮，不断开垦土地，修建水利工程，雍州、凉州的粮食产量直线上升，不但能够实现军粮的自给自足，当关东地区爆发大饥荒的

时候，司马懿还能轻松地拨出 500 万斛粮食支援受灾地区。

坐拥十万大军、万石粮秣，遍观天下再无可与其匹敌之人，司马懿踌躇满志。

公元 235 年，蜀国大将马岱再次出兵北伐。

诸葛亮临死之前再三叮咛，要求蜀国将领镇守汉中，千万不要学他北伐中原，但没人把他这句话当回事儿，姜维、马岱等人无不跃跃欲试，希望自己能够一统中华，开创诸葛武侯未完成的勋业。

司马懿接到报告后只是轻蔑地一笑，同时下令牛金率领一支骑兵前去迎战。马岱的大军一触即溃，牛金轻而易举地斩杀蜀军千余人。

这场战斗虽然短暂，却引发了整个西北地区的震荡，诸葛亮的去世，标志着那支跟随诸葛亮南征北战的无敌军团已经烟消云散，这让当地摇摆不定的第三方武装力量下定决心投靠魏国。同年，常年盘踞在武都的氐王苻双、强端率领部属 6000 余人投降司马懿，将这阵动荡带向了顶峰。

喜出望外的曹叡下发诏书，把司马懿狠狠夸了一顿："当年周公辅佐成王的时候，就曾给成王送过一只祥瑞白鸡，如今你辅佐我，竟然也抓到了一只祥瑞白鹿，这不正是天意要你当我的周公旦吗？"

司马懿清楚地记得，10 年前曹丕曾把他比作汉丞相萧何，想不到如今的天子居然说他是周公！司马懿遥望东方洛阳三呼万岁，感动得不能自已。

如日中天的时刻，司马懿依然能保持谦恭低调的姿态，非但没有居功自傲、骄矜跋扈，反而更加谦和，更加礼让。

在一次进京述职的时候，司马懿路遇高阳乡侯常林，于是恭恭敬敬地向常林执晚辈礼，并让出道路，而常林居然也毫不客气地接受了司马懿的大礼（这个常林是司马懿的温县老乡，跟他父亲司马防平辈论交，算是司马懿的长辈，但官爵比司马懿低）。有人就责备常林，说司马公现在身份尊贵，你可别再让他对你行大礼了。常林却毫不在意，说道："司马懿自己想要分清长幼的顺序，为后辈做楷模，况且他的尊贵又不是我所敬畏的，他向我行礼也不是我给他定的规矩，我何必去阻止？"

这件事情很快便传开了，也传到了曹叡的耳朵里。司马懿在立下如此奇功、身居如此高位的情况下还对长辈如此恭敬有礼的态度，给很多人留下了好印象，再加上他平时低调谦和的表现，包括曹叡在内的很多人都相信，司马懿是一个勤勤恳恳的忠臣——过去是，现在是，将来也是。

最危险的时刻不是屡屡失意的时刻，而是功勋赫赫的时刻。因为一旦功高震主，就会出现"赏无可赏"的局面，这时候，你对领导来说就是一个威胁了。可以说，这是上下级关系最敏感的时候，一点小小的举动就有可能点燃这个导火索，让领导下决心剔除你这个威胁。

越是功劳高，越是拥有大势力，就越要放低姿态、更加低调、更加谨慎，哪怕是刻意低调，总之不能让领导感觉到威胁，只有领导彻底放心了，这一页才算揭过去了。

真理不必称扬，做人不必标榜

智谋原典

忠臣不表其功，窃功者必奸也。君子堪隐人恶，谤贤者固小人矣。
——《止学》

译文

忠臣不会表白他的功劳，偷取他人功劳的人一定是奸臣。君子可以替人隐瞒缺点，诽谤贤德之士的人一定是小人。

明枪易躲，暗箭难防。也许，诽谤与流言并非我们所能制止的，因为有人群的地方就有流言。

弘一法师经常对弟子们说的一句话便是"遇谤不辩"，并且一再地告诫弟子们面对诽谤时一定要保持应有的理智。有一段时间，弘一法师就因为忙于应酬而被人冠之以"应酬和尚"的称号，但他并没有去辩解，而是一方面检讨自己，一方面对此保持沉默。

真理不必称扬，做人不必标榜。

有位修行很深的禅师叫白隐，无论别人怎样评价他，他都会淡淡地说一句："就是这样吗？"

在白隐禅师所住的寺庙旁，有一对夫妇开了一家食品店，家里有一个漂亮的女儿。无意间，夫妇俩发现尚未出嫁的女儿竟然怀孕了。这种见不得人的事，使得她的父母震怒异常。在父母的一再逼问下，她终于吞吞吐吐地说出"白隐"二字。

她的父母怒不可遏地去找白隐理论，但这位大师置之不理，只是若无其事地答道："就是这样吗？"孩子生下来后，就被送给白隐。此时，他的名誉虽已扫地，但他不以为意，只是非常细心地照顾孩子——他向邻居乞求婴儿所需要的奶水和其他用品，虽不免横遭白眼，或被冷嘲热讽，但他总是处之泰然，仿佛他是受托抚养别人的孩子一样。

一年后，这位没有结婚的妈妈终于不忍心再欺瞒下去了，她老老实实地向父母吐露实情：孩子的生父是住在同一幢楼里的一位青年。

父母立即将她带到白隐那里，向他道歉，请他原谅，并将孩子带回。

白隐仍然是淡然如水，轻声说道："就是这样吗？"仿佛不曾发生过什么事，即使有，也只像微风吹过耳畔，瞬间即逝。

白隐为给邻居女儿以生存的机会和空间，受到人们的冷嘲热讽，但是他始终处之泰然，只有平平淡淡的一句话——"就是这样吗？"

美国总统林肯说:"如果证明我是对的,那么人家怎么说我都无关紧要;如果证明我是错的,那么即使花十倍的力气来说我是对的,也没有什么用。"一个人如果能够将外界的闲言碎语当作耳边的一阵风,任它吹来,任它吹去,不为所动,就会省却很多烦恼。

对别人过去的坏处耿耿于怀,对别人人格的不尊重,都可能给别人、给自己惹来意外灾祸。不念旧恶是需要有些胸襟的,人际矛盾往往因时因事而转移,总把心思放到过去的恩怨上实在不是明智之举。忠恕待人,养德远害,才应该成为处世待人的准则。

宋真宗时期,宰相王旦位高权重,但他朝夕惕厉,处理任何事都谨慎细致。当时朝廷还有一位大臣——寇准,他刚直忠贞,也是皇帝身边的左右手。寇准见王旦官职在自己之上,心里不大服气,便不由自主地诋毁王旦,甚至在朝堂之上,也曾公开指责王旦的缺点。

相反,王旦认为寇准忠心耿耿,堪当大任。每次在皇帝面前,他都称赞寇准的优点。宋真宗非常惊讶,有一次,他问王旦:"你经常称美寇准,寇准却数次说你的短处,你为什么能这样做呢?"

王旦听了,说道:"我在相位已经这么久了,缺点一定很多,但因职位较高,一般大臣都不敢指出我的缺点,而寇准能够直陈我的不足,可见他忠贞直率之心,这也是臣下看重他的原因。这样的大臣,既是国家之福,也是我的良师益友啊!"

有一次,寇准私下来找王旦,希望他能向皇帝推荐自己当宰相。王旦义正词严地说:"这样的职位怎么可以求得来?"但很快寇准被朝廷派官为武胜军节度使、同中书门下同平章事,寇准万分感激皇帝的知遇之恩,入朝拜谢,皇帝特意把事实真相告诉寇准,说:"你能当节度使,又能当同平章事,都是王旦推荐的。"

寇准不禁非常羞愧,自叹不如王旦正直宽宏。

送人一轮明月,我们的心中也会沐浴月光。忍让一个人的无

礼,我们看似在失去,实则在储备。虽然失去了暂时的荣耀,却储备了持续升值的感恩和信任。

立功是好事,功高震主却不是好事

智谋原典

上无度失威,下无忍莫立。上下知离,其位自安。君臣殊密,其臣反殃。小人之荣,情不可攀也。

——《止学》

译文

上司没有容人的度量就会失去威信,下属不能忍辱负重就不会成就事业。上司和下属要保持一定的距离,才能保证各自地位安稳。君主和臣子如果太过亲密,臣子反而会招来祸害。小人如果发达了,就不能和他们结交。

在职场中,有一件事情绝对不能做,那就是得罪上司。何为上司?说白了就是能把控你职场走向的人,能够决定你人生命运的人。立功是好事,功高震主却不是好事。

司马懿的性格决定了他的行为准则:功劳越大,越战战兢兢。整个魏国都找不出一个能跟司马懿抗衡的大臣,而司马懿非但没有因此飞扬跋扈,反而更加低调谨慎,并且不遗余力地让全魏国都知道他很低调。

没多久,这个秀低调的机会就来了。

在解决了所有问题之后,司马懿班师回朝,这时候将近十月了。

辽东气候寒冷,十月份已经快飘雪花了,魏国远征军都还穿着单衣,士兵冻得瑟瑟发抖。这时候有人就建议说辽东府库里有很多棉袄，为何不分给将士们穿呢？

司马懿等的就是这句话，于是乎，一番事先早已打好腹稿的慷慨激昂的陈词脱口而出："府库里的棉袄是大魏官家的财产，我拿来分发给士兵，就是用公家的财物来施与私人的恩惠，这不是一个臣子应该做的事情，我绝不如此。"

说完，司马懿即刻下令撤军，数万大军就这么在寒风中撤离了辽东。

司马懿这场秀不仅做得漂亮，而且触到了曹叡最敏感的神经。

曹叡最担心的是司马懿功高震主，但司马懿一而再、再而三地显示出自己功高而不自矜的品行，让曹叡这颗悬着的心终于慢慢放下了。

一个能征战立功又不居功自傲的下属，简直是所有领导心中的完美下属。

当司马懿行进到蓟县的时候，曹叡的使者也到了，带来了丰厚的赏赐。

低调可以从两方面来讲，一方面是无意识地流露，这是性格使然；一方面是主动展示，这是为自己的进阶做好铺垫。司马懿拒绝将辽东府库里的棉袄赏赐给穿着单衣的将士，就是低调最好的写照。

曹叡是个极其没有安全感的皇帝，对于这样一位上级，司马懿很清楚自己需要做些什么，那就是让曹叡看到，自己本事再大也全在他的掌控之中，自己是他可以任意驱使的狼犬，而司马懿因此得到的远比付出的多得多。

人生就像大海，处处有风浪，时时有阻力。是与所有的阻力做正面较量，拼个你死我活，还是积极地排除万难，去争取最后的胜利？生活是这样告诉我们的：不去事事计较、处处摩擦的人，才不会让凌云壮志付诸东流。作为领导，具有这样的气度，才能在自己周围聚集人才。

官渡之战，曹操仅有两万兵力，袁绍却有十多万兵力，双方

兵力悬殊可见一斑。为了避其锋芒,曹操出奇兵火烧袁绍的粮草重地,把袁绍打得落花流水。

由于仓皇出逃,袁绍竟没有来得及处理重要密件,密件全部落入曹操手中,其中还有曹操手下一些将领因惧怕袁绍而暗中写给袁绍的密信。许多人建议曹操把那些写密信的人全部杀掉,以绝后患。曹操却说:"大兵压境,袁绍那样强大,就连我也几乎发生了动摇,何况他人?"于是,他下令把所有的密信当众烧掉了。

正当那些写密信的人心惊胆战地等待处罚时,没料到曹操不但没有治罪于他们,还把他们通敌的证据全部烧毁了。这件事让他们从内心深处对曹操感恩戴德,绝大多数后来成了曹魏的开国元勋。一些敌对势力的谋臣勇将听说曹操如此大度,不计前嫌,也都纷纷前去投奔,为他建立宏图大业创造了条件。

真正谙熟领导艺术的人就像曹操一样,他们的心是大智慧与大容忍的结合体,有勇猛斗士的威力,有沉静蕴慧的平和。行动时干练、迅速,不为感情所左右;退避时能审时度势、全身而退,抓住最佳机会东山再起。

压力面前,不妨后退一步

智谋原典

视己勿重者重,视人为轻者轻。患以心生,以蹇为乐,蹇不为蹇矣。

——《止学》

译文

不把自己看得太重的人被人重视,轻贱别人的人也被别人轻视。祸患从自己的思想中生出,如果把逆境视为乐事,困境就不再是困境。

人生在世，谁也无法预料成功与失败，但耀眼的花环总是戴在成功者头上，失败者却面临穷途末路。对失败者来说，最要紧的是要静下心来。

很多事情并不是我们努力就一定能做好，也不是你一路向前冲就一定能够实现理想。如果环境和其他外在条件不允许，或者我们的坚持有可能给自己带来灾难，不如先往后退一步，保存实力，以备来日之需。

汉惠帝六年（前189），相国曹参去世。陈平升任左丞相，安国侯王陵做了右丞相，位在陈平之上。

王陵、陈平并相的第二年，汉惠帝死，太子刘恭继位。少帝刘恭还是个婴儿，不能处理政事，吕太后名正言顺地替他临朝，主持朝政。

吕太后为了巩固自己的统治，打算封自己娘家的侄儿为诸侯王，首先征询右丞相王陵的意见。王陵性情耿直，直截了当地说："高帝（刘邦的庙号）在世时，杀白马和大臣们立下盟约，非刘氏而王，天下共击之。现在立姓吕的人为王，违背高帝的盟约。"

吕后听了很不高兴，转而询问左丞相陈平的看法。陈平说："高帝平定天下，曾封刘姓子弟为王，现在太后临朝，分封吕姓子弟为王，也没什么不可以。"吕后点了点头，十分高兴。散朝以后，王陵责备陈平奉承太后，愧对高帝。听了王陵的责备，陈平一点儿也没生气，而是真诚地劝了王陵一番。

陈平看得很清楚，在当时的情况下，根本不可能阻止吕后封诸吕为王，只有保住自己的官职，才能和诸吕进行长期的斗争。因此，眼前不宜触怒吕后，暂且迎合她，以后再伺机而动，方为上策。

事实证明，陈平采取的斗争策略是高明的。吕后恨直言进谏的王陵不顺她的旨意，假意提拔王陵做少帝的老师，实际上夺去了他的相权。王陵被罢相之后，吕后提升陈平为右丞相，同时任命自己的亲信辟阳侯审食其为左丞相。陈平知道，吕后狡诈阴毒，

生性多疑，栋梁干臣如果锋芒毕露，就会因为震主之威而遭到疑忌，导致不测之祸，必须韬光养晦，使吕后放松对自己的警惕，才能保住自己的地位。

吕后的妹妹吕须恨陈平当初替刘邦谋划擒拿她的丈夫樊哙，多次在吕后面前进谗言："陈平做丞相不理政事，每天老是喝酒，和妇女游乐。"

吕后听人报告陈平的这些行为，喜在心头，认为陈平贪图享受，不过是个酒色之徒。一次，她竟然当着吕须的面，和陈平套近乎说："俗话说，妇女和小孩子的话，万万不可听信。您和我是什么关系，用不着怕吕须的谗言。"

陈平将计就计，假意顺从吕后。吕后封诸吕为王，陈平无不从命。他费尽心机固守相位，暗中保护刘氏子弟，等待时机恢复刘氏政权。

公元前180年，吕后一死，陈平就和太尉周勃合谋，诛灭吕氏家族，拥立代王为帝，恢复了刘氏天下。

陈平面对不利的局面，忍辱负重，终于完成了自己的心愿。可见，在压力面前后退一步，可以为自己赢得生存和发展的机会。千万不可为了一时意气而盲目向前，那样既于事无补，又反受其害。

"有志者，事竟成，破釜沉舟，百二秦关终属楚；苦心人，天不负，卧薪尝胆，三千越甲可吞吴。"卧薪尝胆的故事家喻户晓。

春秋时期，越王勾践在一次战争中被吴王夫差打败，他带领所剩的五千兵马逃到了会稽，还是被吴军围了个水泄不通。于是越王只能向吴王屈辱求和。在吴王的威逼之下，勾践到吴国宫廷中服了三年苦役，过着牛马不如的生活。勾践被释放回国之后，为了奋发图强、报仇雪耻，他睡觉躺在硬柴上，坐卧饮食都要尝一下苦胆，告诫自己不能忘记国家破亡的痛楚，激励自己的勇气和斗志。经过几十年的休养生息和不懈努力，他最终战胜了吴国。

"天将降大任于是人也，必先苦其心志，劳其筋骨，饿其体肤，空乏其身，行拂乱其所为，所以动心忍性，曾益其所不能。"

这段话用在越王勾践身上,再恰当不过了。在国家危难之时,他不但没有消沉,反而能够承担起复兴国家的重任,卧薪尝胆,屈尊降贵,只是为了捕捉时机,等待苦尽甘来的那一天。

原谅别人,也是放过自己

智谋原典

君子不念旧恶,旧恶害德也。小人存隙必报,必报自毁也。和而弗争,谋之首也。

——《止学》

译文

君子不计较以前的恩怨,计较以前的恩怨会损害品行。小人心有隙怨就一定要报复,这样却只能自我毁灭。讲和而不争斗,这是谋略首先要考虑的。

君子行事,应宽宏大量,不计较之前的恩怨,让自己的德行更加深厚。胸襟广阔的人总是淡忘自己的功劳,宽恕别人,清除自己成功路上的绊脚石。

恶人自有恶人磨,向小人寻仇的一定是小人,但小人寻仇的手段更为恶毒。君子之所以不跟小人结仇,固然是避其险恶之毒,但更大程度上是因为不屑寻仇、无暇为仇。

隋朝的徐文远是名门之后,他幼年跟随父亲到了长安,那时候他们的生活十分困难,难以自给。他勤奋好学,通读经书,终有所成,后来官居国子博士,越王杨侗还请他担任国子监祭酒一职。

隋朝末年,洛阳一带发生了饥荒,徐文远只好外出打柴维持生计,凑巧碰上李密,于是被李密请进了自己的军队。李密曾是徐文远的学生,他请徐文远坐在上座,自己则率领手下士兵向他

参拜行礼,请求他为自己效力。

徐文远对李密说:"如果将军你决心效仿伊尹、霍光,在危险之际辅佐皇室,那我虽然年迈,仍然希望能为你尽心尽力。但如果你要学王莽、董卓,在皇室遭遇危难的时刻,趁机篡位夺权,那我这个年迈体衰之人就不能帮你什么了。"

后来,李密战败,徐文远归顺了王世充。王世充也曾是徐文远的学生,他见到徐文远十分高兴,赐给他锦衣玉食。徐文远每次见到王世充,总要十分谦恭地对他行礼。

有人问他:"听说您对李密十分倨傲,却对王世充恭敬万分,这是为什么呢?"徐文远回答说:"李密是个谦谦君子,所以像郦生对待刘邦那样用狂傲的方式对待他,他也能够接受;王世充却是个阴险小人,即使是老朋友也可能会被他陷害杀死,所以我必须小心谨慎地与他相处。"等到王世充归顺唐朝后,徐文远又被任命为国子博士,受到唐太宗李世民的重用。

徐文远之所以能在隋唐之际的乱世保全自己,并且屡被重用,就是因为他针对不同的人有不同的应对之法,懂得灵活处世。与君子交朋友,可以坦露心迹,不用有戒心;对小人却需要"战战兢兢,如履薄冰""待小人要宽,防小人要严",礼而敬之,敬而远之。

在生活和工作中,我们难免会遇到让自己不如意的人和事。如果双方都得理不饶人,只会将事情越闹越大。

水至清则无鱼,人至察则无徒。一个人要想成就大业,就应该戒除极端,谙熟中庸之道,当忍则忍,当让则让,千万不能因为行事偏激而遭人记恨。

传说有一天,苏轼准备去拜访王安石。不想拜访时正好赶上王安石午睡,苏轼便被书童迎入书房等候。

苏轼闲坐无事,见砚下有一方素笺,写了"西风昨夜过园林,吹落黄花满地金"两句诗,便无下文了。于是他不屑地一笑说:"完全违背事实。"在苏轼看来,菊花最能耐久,在深秋即使焦干枯烂，也不会落瓣。一念及此，苏轼按捺不住，依韵添了两句："秋花不比春花落，说与诗人仔细吟。"

待写下后，想到如此嘲讽宰相，只怕又会惹来麻烦，但是若把诗稿撕了，又不成体统。左思右想，都觉不妥，便将诗稿放回原处，告辞回去了。后来，皇上降诏，贬苏轼为黄州团练副使。

苏轼在黄州任职将近一年，转眼便已深秋，这几日忽然起了大风。风息之后，后园菊花棚下，满地铺金，枝上全无一朵。苏轼一时目瞪口呆，半晌无语。此时方知黄州菊花果然落瓣！不禁对友人道："小弟被贬，原以为宰相是公报私仇。谁知是我错了。切记啊，不可轻易讥笑人，正所谓经一事，长一智呀。"

人生在世，容纳世间万物，才能拥有出世的境界、不一样的人生。因此，我们应该像大地一样，有接纳污垢的气量，不对自己不了解的事妄下论断。这既是敬重他人，也是保护自己。

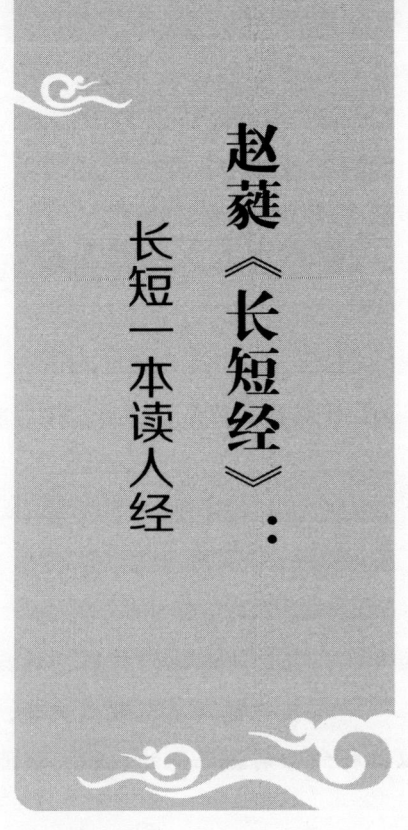

赵蕤《长短经》：长短一本读人经

唐代赵蕤的《长短经》，作为霸王之学的集大成之作，深入探讨了"王霸机权，正变长短之术"，因而被后世誉为"小《资治通鉴》"。全书内容涵盖君臣德行、任人用长之术，以及酌情察势、智略权变等策略，精研阴谋诡计。在识人用人方面，《长短经》警示统治者必须高度重视人才问题，明确指出：得人才则国兴，失人才则国崩。

察人识人,神骨为先

智谋原典

贵贱在于骨法,忧喜在于容色,成败在于决断。以此参之,万不失一。

——《长短经·察相》

译文

看一个人的贵贱,主要是看他的骨骼;辨其忧愁或喜悦主要是看他的神情;一个人在关键时怎么做出决断,往往表示他能不能成就大事。以这样的原则验证他的相貌,就能做出万无一失的判断。

随着年龄的增长,我们的行为和态度便会慢慢在脸上烙下印记。有些人笑纹很深,有些人嘴角永远下垂,你的脸不但记载了你的过去,还勾勒出了你的未来。

曾国藩擅长识人之术,他认为通过一个人的骨相,不仅可以洞察其品性、预测其命运,而且能够观照其未来之路。

江忠源家道清贫,原本在湖南深山读书,因科考到了京城。郭嵩焘以同乡晚辈的身份把江忠源引荐给曾国藩。两人见面后言谈投机,曾国藩对江忠源的才华十分欣赏。江忠源告辞离开的时候,曾国藩一眼不眨地看着他走出门,若有所思地叹息了一声,然后他不无伤感地对郭嵩焘说,京城遍地都难寻如此人才,江忠源将来必定能够天下扬名,但是他会悲壮尽节而死。后来江忠源官至安徽巡抚,1854年,庐州城被太平军攻破,他投水自杀,曾国藩的判断应验了。

神韵发自内心，一般通过眼睛流露出来。眼睛清澈透亮，眼神端正，表明其人精力充沛，健康状况良好，同时内心坦荡，光明正大，态度诚恳。眼睛昏暗闪烁，目光游离，表明其人疲劳，或者内心有事，抑或心术不正。喜欢向上看的人，内心一定有傲气；眼神朝下看的人，一定喜欢算计，习惯经常思考问题；眼神斜视的人，心中一定有鬼。一般说来，眼睛大而明亮，眼球凸，这种人个性强，智商高；眼睛较小、白眼球多的人心思细腻，性情变化不定，做事情往往不循常规，交人比较功利；双眼比较对称，面部器官比较和谐，这种人做事中规中矩，往往容易成功；眼窝较深，眼神坚毅的人一定智虑较深，经历的挫折也比较多。

　　早在古代，孟子就曾说过："听其言也，观其眸子，人焉廋哉？"意思就是说，听一个人讲话，观察他的眼睛，这个人内心的好坏又怎么可能隐藏得了呢？确实，一个人的想法常常会从眼神中流露出来，天真无邪的孩子，目光清澈明亮，而心怀不轨的人则眼睛混浊不正。所以，世人常将眼睛比作心灵之窗，是交往中被观察的焦点。

　　"骨"不是指人体的全部骨骼，而是专指与"神"相配、能够传"神"的头部和面部的骨骼。此外，枕骨、颧骨、太阳骨、眉骨都是看骨相的重要依据。人的骨相更多地与先天资质有关，即使外貌有损伤，骨相也不会改变，足以判断人的显达与否。

　　"神"和"骨"是识人的两扇大门，"骨"为内，"神"为外，观神可辨忠奸，识骨可断显达，二者相辅相成，缺一不可。

观色识人，心思可见

智谋原典

　　虽云以言信行，失之宰予，以貌度性，失之子羽，然《传》称无忧而戚、忧必及之，无庆而欢、乐必还之，此心有先动，而神有

> 先知，则色有先见。
>
> ——《长短经·察相》

译文

虽说根据言语和相貌判断一个人就会发生像冤枉孔子的学生宰予和子羽那样的错误，然而《左传》上说："没有忧虑却心情悲伤，那么忧愁一定很快到来；没有快乐的事却莫名其妙地突然欢喜起来，那么快乐也会马上降临。"这就是说，人们的心理和神志对即将来临的忧与喜有一种超前的感应，心神预感到后，就会首先在面容上反映出来。

识人以气为主。内在之气就是人的精神，外在之气就是人的气色，观察一个人的气既要看精神又要看气色。

曾国藩通常对有善气、静气、清气、书卷气、士子气、清刚之气、刚硬之气、倔强之气的人有好感，而对有俗气、浊气、浮华之气、庸暗之气的人不予重用。他所说的气，就是我们今天说的一个人从内到外给别人的感觉。

人生要经历幼年、青年、中年、老年四个时期，每个时期因为生理和心理的发育会表现出不一样的气色，就像一株树，刚发芽的时候，娇嫩稚气；在生长的过程中，生机蓬勃，颜色鲜绿；到枝繁叶茂的时候，整棵树都色泽丰艳；而到了后期，色泽会变得素朴。因此，不要犯机械的错误，认为一个人的气色是一成不变的。幼年时气稚色淡，青年时气勃色明，中年时气盛色艳，老年时气实色素。同时，人的气色也随季节、气候变化，"春青、夏红、秋黄、冬白"就是人在不同季节的不同气色。

古时相面者认为气色平和是富贵的象征，而气色凶恶、容貌不端则是贫贱的面相。观看人的气色可以知道其情绪的好坏，并且能够预知他的命运。《麻衣神相》中有观色识人的描述：身三停及面部三停都生得丰满，相貌端正，精神安静，气色和平，是得到富贵的基础；如果相貌生得有缺陷，敧斜不正，色泽昏暗，气色相貌丑恶的，就属于贫贱相貌。而在这方面最精彩的记载要数《大戴礼记》，全面道出了观色识人的各种情况：

欢喜的颜色油然而生；愤怒的颜色怫然而生；有欲望的颜色呕然而生；恐瞑的颜色薄然出现；忧愁悲痛的颜色垒然而静；真正的智能之士的颜色难以穷尽；真正的仁德之士的颜色受人尊敬；真正的勇敢之士的颜色震慑威赫；真正的忠心之士的颜色可亲可敬；真正的廉洁之士有难以被污染的颜色；宁静之士有可以信赖的颜色；本质纯正的颜色明朗皓白，安定镇静；本质欺伪的颜色烦乱不堪，使人厌倦。

看一个人的气色好坏，最好是在他刚起床还没有吃早饭的时候，这时人神清气静，没有与人或事物打交道，心态自然，气色真实。观看气色主要看面部，也要综合人的各个部位。

除了少数喜怒不形于色和城府很深的人以外，一般人的各种感情都会在外部表露出来，即使有意隐瞒也不一定完全隐瞒得住。因此，对绝大多数人来说，都可以通过观察气色来了解其思想、性格和内心情绪。

《帝王世纪》有一段记载，说的是商容和殷商百姓恭候周朝军队进入商都朝歌的情景。当毕公来到时，殷商百姓都说这是他们的新君主。但商容却不同意，他认为来人颜色面貌十分威严但呈急躁之色，所以其并非国君。因为君子遇到大事会呈现出诚恐之色。之后太公姜尚到来，这时百姓们都说，这位大概是新君主了。商容依旧否定，他说姜尚的颜色相貌像鹰一样果敢勇武，像虎一样威武雄壮。此人率军对敌勇往直前、奋不顾身，会增加军士们的勇气，但不可能是新君主。此时，周公旦来到了，殷商百姓又说，这应该是新君主吧。商容还是不同意，他说此人脸上充满着欢欣喜悦之气，其志向是除去奸佞小人，他并不是天子，而可能是周朝的相国。最后，周武王出现了，殷商百姓说这位无疑是新君主了。商容终于不再否认，因为他作为圣德之人，为天下

百姓除掉昏聩腐朽的恶君，但是见恶不露怒色，见善不现喜气，颜貌气色十分和谐，所以的确是新君主。

古人讲，"诚于中而形于外"。无论城府多深的人，总会有他透过面容表示心灵真实状况的时刻。在日常生活与人际交往中，时刻注意察言观色、辨行鉴貌，把握对方的心态与情绪，从而采取合适的措施，这不仅能使对方感受到体贴与宽容，更能使双方的交往处于一种动态平衡的适宜状态，不断深入并加强双方的情感交流。

相由心生，善恶面上观

智谋原典

高祖立濞为吴王。已拜，上相之曰："汝面状若有反相，汉后五十年，东南有乱，岂非汝耶？"

——《长短经·察相》

译文

汉高祖封刘濞为吴王，之后对他说："看你的相貌，有谋反的迹象。这以后五十年的时间里，东南方向将有大乱，难道会应验在你身上吗？"

俗语说，相由心生。人无论身在何处，容貌总是随身而行。无论是与人接触、交往，还是与人相伴同行，给他人留下最初印象的都是容貌。不仅如此，我们还可以从一个人的容貌中读出他的心声。

平原君是战国四公子之一。有一天，他在拜见赵王时提到了秦国大将武安君白起的相貌，他说："白起这个人生得头小下巴尖，两只眼睛黑白分明，看东西目不转睛，是一个非常难对付的对手。

首先，白起的头小下巴尖，这样的人办事果断，不会拖泥带水；其次，双眼黑白分明，正说明他对事情见解分明；最后，他看东西总是目不转睛，这样的人通常坚毅果决，不会为任何事所扰。像白起这样的人是我们赵国的真正敌手，只可用持久战来慢慢寻找时机打败他，而不能贸然地与他正面交锋。"

平原君不仅对白起的相貌做了介绍，更对其内在特质做了一番入情入理的评价。其实，平原君所用的就是一种"相面术"。容貌可以说是一个人随身携带的名片。他的个性、心思与为人善恶都可以从容貌、面相中解读出来。以下便是部分面相的解读：

1. 行事稳重的面相

（1）如果一个人鼻孔不向外翻露，那么其人做事谨慎，稳重踏实，精明细致。

（2）耳垂明显的人性情温和、胸襟开阔、广开言路、责任心强，懂得付出和担当。

（3）鼻头浑厚圆润的人认真负责、稳定沉着、踏实勤勉、行事严谨，从不会三心二意，擅长理财。

2. 言而有信的面相

（1）眼睛长得小的人、鼻子长得挺直的人，以及嘴巴长得大的人通常都会讲究诚信，答应别人的事会竭尽全力完成。

（2）额头长得宽阔高耸的人及耳朵位置偏高的人做事沉稳踏实，为人诚信。

3. 积极自信的面相

（1）印堂长得大小适中的人常常会具有独当一面的能力。

（2）如果一个人长着大鼻子，这样的人生活积极，努力进取，事业心强，富有责任感，不惧挑战，确定目标就会一往无前。

（3）嘴巴在脸部比例适中的人开朗大方，包容心强，看事看人总会看到积极的方面，对人从不挑剔，意志力坚定，具有恒心，为人处世原则性强。

（4）下巴宽厚的人积极主动，勇于进取，一言九鼎，从不失信于他人，总会取得最后的成功。

4. 以大局为重的面相

（1）眉毛和眼睛之间有很宽距离的人胸怀宽广，做事稳重，具有谋略，脾气不温不火，让周围的人也感觉非常温和，能够稳住大局。

（2）耳朵贴近脑袋的人集体意识强，能够与他人很好地合作，广开言路，懂得付出，总是以大局为重，责任心强，做事稳重。

（3）鼻梁挺直中正的人正直无私，诚实敦厚，待人热心，总是帮助别人，让朋友感受到无尽的温暖。

当然，也有人面相不佳。面相不佳之人中有相当一部分霸道自私，为人冷酷无情，时刻只想着维护自己的利益。唐代奸相卢杞就是有名的面相不佳者之一。

据史书记载，卢杞虽然口才颇佳，但"貌陋而色如蓝，人皆鬼视之"。意思就是说卢杞相貌非常丑陋，脸上布满了青筋，人们都把他当作鬼来看待。

卢杞的"青鬼之相"是典型的奸邪无情的面相。据古书记载，面部青筋众多且分布广泛，这样的人性情急躁，气量小，钩心斗角，会不顾一切谋取私利。这些特征与卢杞的生平经历基本吻合。他虽然贵为一国的丞相，但是心胸狭小，不能容物，喜欢为自己的私利打击报复。他曾经先后陷害与自己有私仇的杨炎、颜真卿等人，致使为国谋利的"两税法"中途夭折（杨炎主导），边患从此愈加猖獗。

除此之外，不佳的面相还包括事业难成的面相、无法当领导的面相等等。如印堂不干净的人难以和他人达成一致；山根尖细的人容易随波逐流，缺乏主见；法令纹短而浅者缺乏远见，威信不足，担任领导难得集体的拥护，不得人心，难以服人，甚至众人会不顾一切地跟他对着干。当身边出现有不佳面相的人时，一定要多加小心，以免产生冲突。

人有好恶，先入为主多臆断

智谋原典

汉光武听聪之主也，谬于庞萌；曹孟德知人之哲也，弊于张邈。何则？夫物类者，世之所惑乱也。

——《长短经·知人》

译文

汉光武帝刘秀是很善于听其言知其人的皇帝，却被庞萌所迷惑；曹操是明察将士的高手，还是被张邈骗了。这是什么原因呢？事物的表面现象相似但实质不同，是很容易迷惑人的。

识人是我们必须掌握的一项本领，而我们识人时难免会掺杂个人主观因素，先入为主地以自己的尺子去度量，这往往不利于我们做出客观、准确的判断。

例如，看到一个人衣着整洁，对他印象不错，则很可能认为他做事细心、有条理，甚至负责任；反之，若对某个人印象欠佳，就往往忽视他的优点。

卫灵公非常宠爱一个叫弥子瑕的美貌少年。一天夜里，这位少年家中传来他母亲患急病的消息，弥子瑕撒谎说已得到卫灵公的允许，就乘王室的牛车赶回家探望母亲。按理说，随便乘国王的车是要被处以刖刑的，但卫灵公知道这事后却说："冒刖刑之险，赶赴母亲病床前，是好样的。"

有一天，弥子瑕同卫灵公在花园里散步。花园里的桃子看上去甜得很，弥子瑕就尝了一口，果真非常好吃。弥子瑕把咬过的桃子递给卫灵公，卫灵公又大加赞赏说："有好吃的东西不一个人

独吞,而是让给我,对我真好。"几年过去了,长大了的弥子瑕渐渐失去了少年时代的美貌,卫灵公对他也不那么宠爱了。卫灵公想起过去的事来,说道:"你扯谎说得到我的允许,乘了我的牛车;另外,还让我吃你吃过的桃子,该当何罪?"于是处罚了弥子瑕。

对同一个人,爱他的时候,即使是触犯了法律,也能赞赏他;一旦这种爱没了,爱就变成了恨,就处之以法。由此可见人心的变幻难测、主观武断。

还有些人喜欢想当然地去识别一个人,没有事实根据,跟着感觉走。例如,"亡斧疑邻"的故事。

从前,有一个人遗失了一把斧头,他怀疑是被隔壁的小孩偷走了。于是,他就暗中观察小孩的行动,不论是言语与动作,还是神态与举止,都像偷斧头的人。因为没有证据,所以也就没有办法。隔了几天,他在后山找到遗失的斧头,原来是自己弄丢的。从此之后,他再去观察隔壁的小孩,再怎么看也不像会偷斧头的人。

认识一个人,切忌以自己的主观想象作为衡量别人的标准。主观意识太强,经常会造成错误与偏差。

识人难,但也有规律可循,重要的是我们应该学会客观而辩证地看待一个人。仅凭原有的印象或者经验就给他人下结论,有失公允,也不是一种正确的识人方式。

"人"是非常简单的一个字,而"识人"却是极其难懂的一门课。在人与人互动越来越频繁、人心却越来越难辨真假的今天,我们每天都要跟人相处甚至交手。很多时候,能否精准识人成了交际成功与否的关键。想要做到精准识人,尤其是人才,一定要牢记两大禁忌。

禁忌一:凭出身识人。

生活中,大家总喜欢用"狗眼看人低"来讽刺那些仅仅以他人出身来评价他人的人。虽然这种讽刺有些难听,但仅凭出身背景来识人确实非常片面与武断。

商鞅是魏相公叔痤的家臣。公叔痤死前,曾极力向魏惠王推荐商鞅,劝魏惠王"以国事听之",重用商鞅。但是,魏惠王认为商鞅只是个家臣,身份太低微了,那些劝告只是公叔痤病得糊涂而乱讲的。所以,公叔痤死后,魏惠王并没有重用商鞅。由于一些嫉贤妒能者企图加害商鞅,商鞅只好投奔秦国。在秦国,商鞅受到秦孝公的重用。结果,秦国日强,魏国日弱。

在魏惠王的眼中,商鞅正是被"以出身辨人才"的偏见所埋没和扼杀的。

禁忌二:凭个人爱好识人。

颜驷历经汉文帝、汉景帝和汉武帝三世,直至成为白发老翁之时,仍在郎署(汉朝官署名)为郎(宿卫之官名)。很多人都好奇,为何颜驷一生如此不得志?究其原因,就不得不说三位皇帝的喜好了。正如颜驷所言:"文帝好文而臣好武,景帝喜好年老的而臣尚年少,陛下喜好年少的而臣已年老,因此历经三世都没有晋升的机会,只好一直在此当差了。"试想,如果文帝好武,景帝喜好年少,武帝喜好年老的话,颜驷一生的机遇必定大不相同。

虽说人非草木,有自己喜好与厌恶的事物是常情,但如果识人鉴人的时候也完全根据自己的喜好来,就会大失精准。若完全从自己讨厌对方的心理出发,就很容易忽略对方的优点,甚至把对方的优点当作缺点。相反,若完全从自己喜欢对方的心理出发,会很容易忽略对方的缺点,甚至把对方的缺点当作优点。

识人难,精准识人更难。但想成就一番大业,你就得善识人、精准识人。

识人非相人,日久见人心

> **智谋原典**
>
> 春申君曰:"先生即舜也。"
>
> 汗明曰:"不然,臣请为君申言之。君之贤不如尧,臣之能不及舜。夫以贤舜事圣尧,三年而后乃相知也。今君一时而知臣,是君圣于尧而臣贤于舜也。"
>
> ——《长短经·论士》

译文

春申君说:"先生你就是舜呀!"

汗明说:"不是这样的,请让我为您细说。您的贤明不如尧,我的才能比不上舜。像舜这样贤能的人服侍圣明的尧,三年以后才能相互了解。现在您顷刻之间就了解了我,这就等于您比尧圣明,而我比舜贤能。"

人不可貌相。有句话说,"有相无心,相随心散;有心无相,相由心生",识人用人单靠相人来下结论还不够全面,必须经过长期的观察才能做判断。

识人和择友是人生的重要课题,一生之成败,事业之兴衰,都与所选朋友和人才贤否有重大关联,不可不慎。

曾国藩能够经由观察人的言谈举止,以鉴识其品德与才能,但这种识人之术也并非万无一失。有时候,当一个人带着目的接近你时,就会刻意隐藏本来面目,让你一时之间无法看穿他的真实想法。

曾国藩在行军打仗时,一个书生模样的人来投靠,大谈行军打仗的策略，说得头头是道。曾国藩觉得他是一个人才，就给他派了一个官职，希望他能够为湘军效力。可是，一个月以后，有部将上报，说那人卷了一千两军饷逃跑了。曾国藩这才明白那个人是来军营里骗钱的。

即使聪明如曾国藩，也有看错人的时候。当一个人将自己隐藏得很深的时候，如果我们还按照最初的感觉来评价他，很可能被他制造出来的假象蒙骗。所以，君子和小人有时是相对的，仅观察外表并不能完全确定谁是君子谁是小人。跟人交往时，一定要有耐心，细细观察，经过一番考验之后，才能确定这个人是不是值得结交，能不能把重要的事情托付给他。

完全了解一个人、看透一个人，是一件很不容易的事情。虽然不容易，还是要去体味，毕竟识人是与人交往的基础。只有对一个人的性格品质有所了解，才能决定与其相处的模式以及关系的远近。

一个阳光明媚的清晨，小林和老师在一片幽静的树林里散步。

小林对老师说："小东这人很不好！"

老师问："为什么这么说？"

小林说："他经常挑剔您的学说，并且不喜欢您的扁鼻子。"

老师笑了笑，缓缓地说："可我倒觉得他这人很不错。"

小林很迷惑地问："您怎么会这样认为呢？"

老师说："他对母亲很孝顺，照顾得非常周到；他对老师十分尊敬，从来没有对老师有不恭敬的行为；他对朋友很真诚，常常当面指出别人的缺点，帮助改正；他对孩子很友善，经常和孩子们在一起做游戏；他对穷人非常富有同情心，我曾经亲眼看见他搜出身上最后一个硬币，放进了乞丐的帽子里……"

"但是，他对您并不那么尊敬！"小林说。

"问题就在这里，"老师拍着小林的肩头说，"一个人如果站在自己的立场上来看待别人，常常会看错。所以，我看人，从来不看他对我如何，而看他对别人如何。"

老师的话非常有道理，要想客观地认识一个人，不能总是站在自己的立场上，因为这会把自己的利益放在其中考虑，很容易失之偏颇。

识人不同于相人。与人交往，不能只凭借别人的相貌或体征评断其秉性，需要长时间去了解。当然，也不要在开始的时候就把很重要的事情交付给不知根知底的人，以免上当受骗，后悔莫及。

才能参差，合适的事给合适的人

智谋原典

夫人才能参差，大小不同，犹升不可以盛斛，满则弃矣。非其人而使之，安得不殆乎？

——《长短经·量才》

译文

人的才能大小是不同的，就像用升无法盛下斗中的东西一样，盛不下就会溢出来，溢出来就全浪费了。用了不该用的人，怎么能没有危险呢？

企业要想留住员工，很重要的一点是确保他们的能力、兴趣及性格与所从事的工作相匹配。也就是说，当员工的能力、兴趣与职位相符，个人秉性也与公司的文化契合时，不仅员工流失率会大大下降，他们的工作效率也会始终保持在一个高水平线上。

相反，如果没有考虑才能的不同，没有根据具体的事情来判断一个人是否具有相应的能力，而是单纯以才能的高低去考察人，就很可能造成用人的失误。

陶朱公原名范蠡，他帮助越王勾践打败吴王夫差以后，转而经商，不久之后成了一位富翁。后来，他的二儿子犯了法，被囚禁在楚国。陶朱公想用重金赎回二儿子的性命，决定派小儿子带着钱财去楚国办理这件事。

长子听说后，坚决要求父亲派他去，陶朱公的夫人也认为这样的大事应该交给更有能力的长子去做。陶朱公不得已就派长子去办这件事，并写了一封信让他带给以前的好友庄生。

长子到楚国后，按照父亲的嘱咐把钱和信交给了庄生。第二天，庄生向楚王进谏，说某某星宿相犯，这对楚国不利，只有广施恩德才能消灾。楚王听了庄生的建议，命人封存府库，实行大赦。

陶朱公长子听说马上要大赦，心想弟弟一定会出狱，那么给庄生的金银就浪费了，于是又去见庄生要回了钱财。虽然庄生原本也准备在事成之后把赎金还给陶朱公，但是陶朱公长子的行为令他很生气，于是庄生又进宫向楚王说："我以前说过星宿相犯之事，大王准备修德回报。现在我听说陶朱公的儿子在楚杀人被囚，他家里拿了很多钱财贿赂大王左右的人，所以大王并不是为体恤社稷而大赦，而是由于陶朱公儿子才大赦啊！"楚王于是下令先杀掉陶朱公的次子，然后再大赦。

长子回家后，陶朱公说："我早就知道你一定会害了弟弟的！你年少时就与我一起谋生，备尝艰辛，所以会看重钱财。而小儿子一出生就生活在富有的环境中，所以轻视钱财，挥金如土。我坚持要派小儿子去办这件事，就是因为他舍得花钱啊！"

可见，才能并没有绝对的高下之分，其差别只是体现在做具体事情是否合适。企业管理的精髓之一就是分解工作，分配各种资源，把工作指派给最为合适的人。

一位证券公司的经理曾经非常困惑，很多工作努力的员工，却不能圆满完成他委派的任务，这使他百思不得其解。后来，一位离职员工的话使他茅塞顿开。这个员工对他说："经理，我很喜欢咱们公司的工作环境和工作氛围，但是我发现这里的工作并不

适合我。开始您让我去跑销售，别人很轻松就完成的任务，我很多天都无从下手。那时我非常不开心，觉得自己很笨，甚至非常灰心。后来我进行了职业测评，结果让我很惊讶，原来我不是比别人笨，也不是我不愿意干好，而是我在做一个不适合自己的工作。经过职业测评，我发现我是一个内向的人，与人沟通的能力和意愿较弱，回避失败的倾向非常高，而冒险和争取成功的倾向非常低。但我处理细节的能力非常强，因此专家建议我应该去做财务、库管之类需要细心、操作性强的工作。所以我决定重新调整自己的人生。"

经理顿时意识到："在给员工分配任务之前，我有必要对每个员工都有一个全面的了解。他们属于哪一种性格，适合哪一类型的工作：性格活泼的人，适合有挑战性的工作；性格内向的人，适合稳定的工作；有人擅长与人打交道；有人则适合与物打交道。按照这种共性分类分析，就能把工作分配给最适合的人了。"

只有把合适的任务分配给合适的人，才可能有最为完美的结果。

如果任务与员工的能力和兴趣不能完美匹配，就会出现大材小用或者小材大用的情况。小材大用，造成的结果是员工不能胜任工作，其他员工不服气；大材小用，则会使员工为怀才不遇而感到前途无望，甚至会离开。

用人用其所长，不必求全责备

智谋原典

语云：琼艘瑶楫，无涉川之用；金弧玉弦，无激矢之能。是以分挈而无政事者，非拨乱之器；儒雅而乏治理者，非翼亮之士。

——《长短经·论士》

译文

《国语》中说：用美玉做的船和桨，没有渡江的功用；用金玉做成的弓和弦，没有发射箭矢的功能。因此清高而不干事的人，不是拨乱匡时的人才。温文尔雅而无治理才能的人，不是诚信、聪慧的辅佐。

鲁迅先生曾说："倘要完全的书，天下可读的书怕要绝无；倘要完全的人，天下配活的人也就有限。"良才如美玉，美玉有微瑕而不掩其光泽。卓有成效的管理者选择和提拔人才时，一定会有一个标准，这个标准就是他能做什么。

选用人才最忌讳求全责备，而要用其所长。如果不能见人之长、用人之长，却念念不忘其短，就不能有效发挥人的能力。

几个公司的老总在一起聚会，其中一个老总说准备将三个员工炒掉。他们是：总是喜欢鸡蛋里挑骨头的A先生；成天忧心忡忡，怕这怕那，担心工厂出事故的B先生；喜欢神侃海聊的C先生。另一个老总听后，微微一笑说："将他们三个都让给我吧。"

第二天，三人来到了另一个老总这里。他说："现在给你们三人分配任务，A负责检查产品质量，B负责生产安全和公司保卫，C到外面去搞商品宣传。"不久，由于三人工作十分努力，工厂盈利直线上升。

这个故事有点杜撰的影子，不过它也的确说明最英明的用人之道。卓越的人永远是在匹配其才华与特质的岗位上绽放光芒，一个领导只有认识到这一点，才能更好地安排下属的工作。

汉朝初建时，某次，刘邦大宴群臣，酒过三巡，刘邦笑问："我何故可得天下？项羽何故错失天下？"当时就有两人同起，朗声答道："陛下攻城略地，每得一城，便作为封赏，可见您能与天下人共谋利益，所以人人为陛下效命，才得天下。项羽嫉贤妒能，生性多疑好猜，战胜不赏功，得地又不分利，人心涣散，所以错

失天下。"高祖听了，笑着说道："你们只知其一，不知其二。据我想来，得失原因，须从用人上说。运筹帷幄，决胜千里，我不如张良；镇国家，抚百姓，运饷至军，源源不绝，我不如萧何；统百万兵士，战必胜，攻必取，我不如韩信。这三人都是当今的豪杰，我能委心任用，故得天下。项羽只有一范增，尚不能用，怪不得为我所灭了！"这"三不如"的说法，体现了刘邦的用人之明，这正是他打败项羽的关键所在。

不仅如此，刘邦用人也没有什么门户之见，只要有才，就可以来。比如张良是贵族，陈平是游士，萧何是县吏，樊哙是屠狗的，灌婴是贩布的，娄敬是赶车的，彭越是强盗，周勃是吹鼓手，韩信是待业青年，这些人虽然出身不同，但都有自己的长处，因此刘邦一概纳于旗下。

可见，用人的关键就在于发挥其优点，克服其不足。如果仅能见人之短而不能识人之长，就无法充分发挥出人才的潜能。领导者真正的智慧在于，接纳下属的不足，发扬他的优点，并巧妙地化其短处为优势，才能实现人才的最佳配置，真正做到人尽其才。

李义府《度心术》：蛇打七寸，驭人驭心

　　心乃人之统帅，制胜之道在于攻心，而攻心首先要度心。度心术是一种生存智慧和社会技能，堪称最高效的谋略。蜀中鬼才李义府，凭借这"方寸之间的智慧"游刃于权力刀尖之上，两度官至唐高宗时期的宰相。《度心术》汇集了李义府的经验，他将玄奥的度心之术化繁为简，使之变得易于理解和应用。

人心叵测，留心防暗算

智谋原典

狡吏恃智，其勇必缺，迫之可也。悍吏少谋，其行多疏，挟之可也。廉吏固傲，其心系名，誉之可也。

——《度心术》

译文

狡诈的人依仗智谋，而缺少勇力，对他可以采取强势打压的措施；凶悍的人缺乏谋略，他的行为多有疏忽，可以诱骗挟制他；清高的人都很孤傲，心中只有名誉，可以用名声来诱惑他。

世界上再也没有什么比人心更难了解、更难揣测的了。

人们常说："春水薄，人情更薄；江湖险，人心更险。"想要从一个人的外表和行为来准确判断出他的善恶居心，更是难上加难。

有的人表面上一团和气，实际上却在暗中琢磨着如何算计你；有的人在与你发生冲突时忍让顺从，实际上却很有可能在事后给你重重一刀；有的人似乎竭尽全力为你做事，实际上却早已另有图谋……

工于心计的人，往往大奸似忠，必须加以揣摩和防备，才能不被假象迷惑，免遭暗算。

姚崇和张说同为唐玄宗时的大臣，两人之间一直有矛盾。

姚崇临终前对儿子们说："我最担心死后你们会被张说暗算。所以你们要记住，我死后，张说来吊丧时，你们要把家里最好的玩物器皿罗列堂前。如果他根本不看一眼，那就说明他要下手了，你们就赶快逃命。如果他对其中几件感兴趣，你们就将那几件送到他家,并请他为我撰写碑文,然后马上奏明皇帝。"

姚崇死后,张说前来吊唁,他在灵堂驻足,目光流连于几件精美器物之上,依依不舍。等他走后,姚崇的儿子们赶紧将那几件东西送到他家,并请他为父亲题写碑文。张说当时很满意,便写了碑文。

姚崇的儿子们拿到碑文后立即命人镌刻,并向皇帝奏明了此事。张说很快就反悔了,派人追回碑文,打算算计姚崇后人。可是碑文已经刻好了,皇帝也知道了,张说只好作罢。

姚崇的精明之处就在于善于把握人心,能够通过张说的行为细节判断出他的心理,提前做好准备。

其实,人在社会中生存,就像一场战争。人人都想隐藏自己,保护自己,尽可能地获取更多利益。我们在与人交往的过程中,要牢牢记住:害人之心不可有,防人之心不可无。

毕竟,在漫长的人生之路上,你遇到的并不总是真正美好的事物和友善的人。如果不注意观察审视,没有丝毫防范之心,就很容易掉进他人设好的圈套和陷阱中,吃大亏,受大害。

小陈是公司的业务骨干,多年来业绩非常突出,与经理的关系也非常好。

新来的业务员小鲁,非常年轻,一副单纯友善的模样,跟小陈很能聊得来,两人很快成了无话不谈的好姐妹。

有一次,小陈因为疏忽,工作上出现了一点差错,被要求严格的经理批评了几句。小陈回来后,不服气地嘀咕了几句。小鲁知道后,也把经理说了一顿,并说早就看不惯他那副盛气凌人的傲慢样子。小陈觉得小鲁能理解自己,心里很舒服,便忍不住又说了一些气话。

这件事很快过去了。渐渐地,小陈发现自己以前的很多老客户都不跟自己联系了,而他们的资料都摆在小鲁的桌上。

小陈很诧异,便找到经理一问究竟。经理冷冷地说:"自己的工作做得不好,就不要埋怨别人批评,对我有不满可以当面谈,

不要背后发牢骚。"

小陈顿时明白了是怎么回事，尽管很气愤，但也无济于事，不久就辞职了。

在生活、职场中，类似这样的事情有很多。小陈就是被小鲁单纯的外表、善解人意的态度所蒙蔽，才毫无防备地被暗箭射中。

人人都需要朋友，但是没有永远的朋友，也没有永远的敌人，只有利益恒久不变。与朋友相处时，多留一个心眼，毕竟朋友良莠不齐，如果不加以防范，不知道哪天就会因为利益被所谓的朋友算计一下，乃至酿成悲剧。

人心隔肚皮，了解一个人应该全面观察，长期感知，善于从细节来发现其内心善恶，不要被一时的假象和甜言蜜语迷惑。否则等受到伤害，才看出他们内心包藏的野心、祸心，就悔之晚矣。

对愚人用欺骗，对智者用柔诚

智谋原典

愚人难教，欺而有功也。智者亦俗，敬而增益也。

——《度心术》

译文

愚人不明事理，难以教化，唯有适当欺骗他们才能有成效；而智者也难于免俗，尊敬他们能够博得他们的认同感。

要想顺利攻取人心，必须因人而异，针对不同的人采取不同的方式，这样才能有的放矢，尽快达到目的。

对待不明事理、糊涂固执的愚人，最好是用迷惑的方法。如果以诚相待，他们反而不能理解你的说教和意见。而面对精明的人，你再用哄骗的手段，那一定会被迅速识破，同样不能达到目的。这时，就要拿出真心和诚意，通过娓娓动听的阐述和敬佩的态度来打动他们的心，才能收到自己想要的效果。

战国时期，宋国有一个富人，叫监止子。一天，他在市场上看到一个中年人正在出售一块玉石，要价是一百两黄金。

监止子是行家，拿过玉石细看，他当即断定这的确是一块难得的美玉，要价如此高，一点也不为过。

可是周围的人却都不懂得这块玉的价值，他们虽然在争抢想买下它，却最多只肯出二十两黄金。

监止子故意装出疑惑的样子，表示不相信那个中年人说的价钱。他一面紧抱玉石不放，一面想着对策。

突然，他假装失手，将玉石掉在地上。那汉子急忙拾起来查看，结果发现玉石的一角已经损坏了。

中年人不依不饶，一定要让监止子赔偿。监止子对刚才围观争抢的人说："都是你们挤我，才摔坏了玉石，这下我不和你们争了，你们谁想要谁就拿去吧。"

那些人一听，都怕让自己负责，纷纷走开了。监止子又装作为难的样子说："那只好我负责了，就按照你说的原价赔偿你吧。"

监止子拿到玉石后，将它拿给能工巧匠精雕细琢，摔坏的部分一点不影响玉石本身。最后，这件精美的玉器以万两黄金的高价卖了出去。

监止子一眼就看出了那块玉石的价值，而周围不懂行的人却以为它很普通。如果监止子告诉他们此玉多么珍贵，公平竞争，那么这块美玉一定会被人拼死拼活地抢走。

道光皇帝在立储的大事上，一直下不了决心。平心而论，四阿哥的文韬武略比六阿哥要稍逊一筹。

有一次，道光帝带着皇亲国戚到围场狩猎。杜受田叮嘱四阿哥说："你的骑术、箭术都不如六阿哥，所以到时候你不要争着捕杀任何猎物。皇上若问你缘故，你就说现在正值春天，万物生发，不忍心射杀生灵，也不想以骑射技术与兄弟们一争高低。"

果然，在狩猎时，其他皇子们都拼命显示自己的捕猎技术，只有四阿哥默坐一旁。当别人满载而归时，唯独他两手空空。道光帝问他原因，他就按照老师教的说了一遍。道光帝听了龙颜大悦，对身边的臣子说："这才是仁君的风度。"

道光帝重病，自知将不久于人世，决定最后考察一下两位阿哥，把传位的大事确定下来。

杜受田沉思很久，然后对四阿哥说："论治国之才和口才，你都不如六阿哥，所以你不要大谈国事，只要在皇帝面前表现出你的孝心和忠诚就可以了。"

到了道光帝的病榻前，两位阿哥的表现截然不同。六阿哥口若悬河，指点江山，针砭时弊，完全没有在意皇帝病中的痛苦，也没有说一句安慰的话。

而四阿哥则坐在床边，垂首而泣，泪流满面，哽咽得都说不出话来。道光帝被他的诚意和孝心所感动，认为他是仁孝之人，可堪大任。

最终，道光帝将帝位传给了四阿哥。不久后，四阿哥登基，年号"咸丰"。

四阿哥听从了老师的教导，尽力在父皇面前展现自己的仁慈、气度和孝心。尽管他并未在文治武功上表现得比六阿哥好，也没有滔滔不绝地阐述自己的治国方略，只不过说了几句体贴的话语，流下了一些真诚的眼泪，然而这些足够打动道光帝的心，使他最终选定四阿哥作为接班人。

用欺诈蒙蔽的方式可以让愚人投降，却无法攻入智者的内心。对待智慧明理的人，要学会以诚攻心。运用饱含真情的语言，诚恳地阐明自己的看法和意见，与同样明事理的智者产生心理共鸣，在融洽友好的氛围中达成共识。

人与人交往，以真诚为贵。把真实的想法用恳切的态度体现出来，就能做到"润物细无声"，让对方愉快地接受你的建议，答应你的要求。

重赏多勇,屈人之心用大赏

智谋原典

技显莫敌禄厚,堕志也。

——《度心术》

译文

再突出的才华也抵御不了利禄的诱惑,金钱可以收买人才,让他们心甘情愿地为自己效力。

求将之道,在有良心,有血性,有勇气,有谋略。对于有本事、有能力的忠良之士,一定要给予大恩大赏,以鼓励他的忠心,让他死心塌地地效劳。

领导者要会用奖赏的办法获得人心,让下属感恩戴德,可以更好地驾驭人才、广聚英才,增强团队的凝聚力和向心力。

三国时,曹操决定北征乌桓。

许多人都认为此次征战囿于条件,有太多不利因素,因此十分危险。但是曹操不听劝阻,坚持己见,带兵北上,最终顺利地打败了乌桓。

出征回来后,曹操开始调查事前阻止他北征乌桓的将领。大家都十分恐慌,以为自己将要受到惩治。

没想到的是,他们都得到了丰厚的赏赐,于是大家心中都非常忐忑,不明白是怎么回事。

曹操向大家解释说:"这次北上进攻乌桓,的确是冒险之举,稍有不慎便会全盘皆输。你们极力阻止我,是出于对全军的安全考虑,这才是万全之策。我之所以给你们如此奖赏,就是希望今后大家还能够各抒己见。"

听了曹操的话,将士们大为感动,都决心继续在曹操麾下效力。

曹操能够成就一番大业,靠的就是求贤才、识贤才、用贤才、爱贤才,通过种种手段笼络人心,甚至把功劳归于别人,把错误归于自己,营造团结和谐的气氛,共谋大业。

在现代企业中,领导也要学会适时地奖赏下属,激励人才,收获人心。至于奖赏的实际内容,不仅仅是金钱,也可以是名誉,甚至只是发自内心的称赞等。只要能够收到预期效果,就是好办法。

有一家企业的经理,具有很高的管理水平,他带领的员工业绩都非常突出,而且每一位员工都打心眼里佩服他、敬重他。

曾经有一位员工,能力不是很强,许多方面都赶不上同事的水平,他感到很自卑,工作时情绪也不太好。

经理了解到情况后,并没有开导或者批评他,甚至都没有直接同他接触过,只是故意在和别的员工交谈时提到他,并称赞说:"他虽然新来不久,可是一直都很努力,对工作非常负责,是一个很好的员工。"

这样的话多次传到这位员工的耳中,开始他还不太相信,直到一次公司开会时,经理特意当着同事们的面表扬了他,还给他发了奖品作为鼓励。

这位员工非常感动,认为经理是真的赏识自己,自己绝不能辜负经理的信任。从此以后,他整个人都像变了似的,更加振奋、有激情,进步很快。到年终评比时,他的业绩已达到优秀水平了。

人人都渴望得到他人称赞,人的内心深处最迫切的渴望莫过于他人的认可。一旦下属的工作能力获得充分肯定和赞美,他们就会焕发出更加旺盛的工作热情。

追求名利是人之常情,以名利为饵,能迅速而有效地笼络人心。

作为领导,在与下属的交往中,应真诚地表达你的赞赏,这样才能打动他们,赢得他们的尊敬与忠诚,使他们在未来的工作中展现出更加卓越的才能,创造更多佳绩。

心理认同,情感攻心

智谋原典

德不悦上,上赏其才也。才不服下,下敬其恕也。

——《度心术》

译文

美好的品德不一定能打动上级,但上级会赏识一个人的才能。上级的才华不一定能真正服众,但下属会敬仰那些具有宽容之心的领导者。

感人心者,莫先乎情。情感具有很强的感染力,适当地运用情感的操控力量,可以取得心灵的共鸣,获得他人的心理认同感。

人类行为有个很重要的法则,就是始终保持对他人温情关怀。如果我们遵循这一法则,一切事务就会很顺利,同时,我们也将收获友谊和快乐。反之,如果我们违背这个法则,就会招致很多麻烦。

人非草木,孰能无情。战国的军事统帅吴起,与士兵同甘共苦,士兵长疮流脓,他竟用嘴吸脓,这些举动换得了将士们誓死追随吴起,在战场上英勇杀敌。三国时期,刘备凭借以情动人的方式,让众多能臣名将以死相报、舍命相随。这些都是以情感动人的操控之法成功运用的案例。

唐太宗李世民懂得恩信并用,笼络住许多英雄豪杰的心,使他们乐于听命,生而陨首,死而结草。

比如有一次,李勣得了暴疾,太医诊断后说,只有用胡须烧成灰做成药引,才能治疗这种病。李世民听说后,立刻剪下自己的胡须为他配药,感动得李勣磕头都磕出血了。

还有一次,李勣陪李世民吃饭,李世民对他说:"我仔细考察群臣,想找一个可以托孤的大臣,没有比你更合适的了。你过去不负李密,现在自然也不会辜负我。"李勣听了,流泪辞谢,喝了个一醉方休,而李世民又把龙袍脱下来盖在他身上。

李世民对李勣的器重,情感攻心的运用,成功地收获了他的忠心,使其后来尽心辅佐李治,为大唐的繁荣立下了不可磨灭的功勋。

有多少真情,就换来多少忠诚,懂得用心交往,以柔取胜,往往能达到意想不到的效果。李世民作为天子,能够将古人认为"身体发肤受之父母"的胡须亲自剪下给大臣配药,仅这一个举动,就比多少官职、多少金银的赏赐更能获得人心。

在企业经营中,经营者总是希望能够获得员工或者顾客的认可,希望可以留住顾客对自己企业或产品的喜爱。有时候,花费大量金钱的广告宣传攻势,起不到攫取顾客真心的作用,反而是发自内心的一份关爱、几句祝福,更能给对方无限温暖。

经济危机时期,有一家水果经销公司受到了很大的冲击。经理想方设法宣传、推销自己的水果,可是无论他们提供多么优质的水果,订购量和销售额都没有多大增长。

最后,经理想了一个办法,他命人在一批苹果还未完全成熟前,用标签纸贴在上面,等苹果熟透之后再揭下来。这样,原来贴标签的地方就成了一片空白。然后,又选出一百个对公司比较重要的客户,将他们的名字写在空白处,并附上几句简单而贴心的祝福语。

客户们收到这样的苹果后都非常惊喜,虽然几个苹果并不值钱,但是看到自己受到如此重视,他们很感动。这颇具人情味的做法,赢得了客户们的认可,帮助这家公司顺利渡过难关。

其实,生活中有许多类似的事情,都说明了一个道理:以真实的情感来打动人心,可以赢得对方的信赖和支持,为自己开拓一片广阔的天地。

以情动人,永远都是攻取人心的妙招。

宽恕比才能更能让对方心服

智谋原典

治吏治心,明主不弃背己之人也。

——《度心术》

译文

管理官吏,要治理他们的内心,明智的君王不会抛弃曾经背叛自己的人。

宽容是荆棘丛中长出来的谷粒。宽则得众,越是大度容人,越能得到别人的拥戴和心甘情愿的服从。心胸狭隘,不能容人,则会失去人心,变成孤家寡人。

在历史长河中,那些能够延续较长时间的朝代,以及开创了盛世的帝王,无不致力于营造宽松和谐的社会环境。

宽容下属的过失,给他们改过的机会,这是领导者高明的手段。让下属感受到你的大度和信任,产生的效果是巨大的,得到的回报也是丰厚的。领导是出于爱惜人才的考虑,而下属则会萌生感激之情,从而将功补过,投桃报李,更加努力。

其实,容人之过,给下属一些恩惠和体谅,这对领导来说是举手之劳,不用花费多少力气和精力,然而对下属来说,则是莫大的安慰。

有位老禅师,傍晚在庭院散步。他看见墙角有一把椅子,便知道有人违反寺规,偷溜出去了。

他将椅子挪走,自己蹲在墙边。过了一会儿,有一个小和尚翻墙而入。他踏着老禅师的后背跳进院子之后,才发现自己踩的并不是原来的那把椅子,于是呆立一旁,不知所措。

出乎意料的是,老禅师并没有责骂他,只平静地说了一句:"夜深天凉,快去加件衣服。"

一句"夜深天凉,快去加件衣服",比任何惩罚和教训都更能让小和尚悔过感恩。有过错的人,都希望得到别人的宽容和谅解,只要给他们一次改正的机会,再稍加引导,就会收到比批评更好的效果。

有一位部门经理,他去外地出差时,手提包被盗,包里面除了常用的钱物外,还有公司的公章。

事后,这位部门经理又内疚又担心,但还是要硬着头皮去见总经理。到了总经理面前,他心虚地讲完了所发生的事情后,头都不敢抬地等着挨骂。可出人意料的是,总经理不但没有骂他,反而笑着说:"我再送你一个手提包好吗?你前段时间的工作一直非常出色,公司早就想对你有所表示,但一直没有机会,现在机会终于来了。"一头雾水的他不知如何是好,但内心却充满了感激。

后来,他更加努力地工作,兢兢业业,同时,也有不少公司看重他,用更加优厚的待遇聘请他,可他始终不为所动。

古今中外,得天下者必先得人心,得到部下及百姓的拥护。企业高层领导者也必须具备宽容之心,才能赢得员工的忠诚与全力奉献;否则,企业难免分崩离析。

宽容是凝聚人气的智慧,也是决定成败的关键。想要留住人才,就要容其小过,以此换取其大才与大贡献。

想放弃先放纵,想利用就笼络

智谋原典

利己纵之,利人束之,莫以情易耳。

——《度心术》

译文

  有利于自己的就放纵对方，有利于他人的就束缚、笼络他，不要因为情感的好恶而改变想法和做法。

  在与对手竞争时，要学会放纵对手。在放纵面前，很多人会犯骄横的毛病，而这正是你取胜的关键。

  春秋初年，郑武公去世，太子寤生即位，他就是郑庄公。郑庄公心里明白，自己虽然当了国君，但政敌绝不会善罢甘休。不过，用什么方式与政敌斗争才好呢？他颇犯踌躇，因为那政敌不是别人，却是他的生母和胞弟！郑庄公出生时，因脚在先，头在后，让母亲武姜几乎难产而死，所以武姜十分讨厌他，而偏爱他的胞弟共叔段。兄弟俩长大之后，武姜曾几次请求立共叔段为太子，但武公碍于传统习惯，没有答应。对于这事，武姜和共叔段一直心怀不满，所以武公一死，他们便加紧实施计划。

  首先，由武姜出面，以母亲的身份为共叔段要求封地，要庄公把制邑封给共叔段。制邑是军事要塞，庄公没有答应，武姜又替共叔段要求易守难攻的京邑，庄公只好答应了。

  共叔段一到京邑，就加高加宽城墙。郑国大臣们对此意见纷纷。祭仲对庄公说："分封都邑城墙的高度，先王都有规定。如今共叔段不按规定修城，您应及时阻止，以免后果难以收拾。"庄公何尝不明白这个道理，但他心里另有打算，所以说："我母亲希望这样，我又有什么办法呢？"

  共叔段看哥哥没有对自己采取限制措施，便下令让西部、北部边陲守军听命于自己，并私自将周围的城邑作为自己的封地。这种举措使郑国将士们愤愤不平。大将公子吕说："应及早下手制止，否则军队慢慢就会被他掌握！"郑庄公还是不紧不慢地说："用不着。不仁不义的事做多了，就会自取灭亡。"

  共叔段看到哥哥还没有反应，更加肆无忌惮，聚集粮草，修治武器,扩充步兵和车卒,准备攻打国都,并约好了母亲作为内应。这下子举国上下的百姓都义愤填膺。庄公高兴地说:"时机到了!"派人探听到共叔段起兵的日期,先发制人,提前派公子吕率领200辆战车向京邑压过去。京邑的军民纷纷倒戈,共叔段跑到鄢地。庄公猛追穷寇,又打到鄢地,共叔段只好逃亡到共国去了。

对弟弟的野心和母亲的所作所为,郑庄公是了然于胸的。但他并不以骨肉之情妥善调解,而是采用"引其发展,陷其不义,先发制人"的阴谋手段先放纵对方,任其胡为,争取到军心、民心后再置对方于死地。

放纵对手的战术反映在生活、工作中就是不要墨守成规,而要敢于出奇制胜,这样才可以掌握主动权。之所以称之为战术,就是因为它用在企业与企业或者人与人之间的竞争中都十分有效。

放纵对手,是要让对手变得骄傲自大。如果你使用了放纵术,可对手却没有中招,也达不到目的。因此,让对手在自己的圈套下中计,才是用好这一战术的关键所在。

公司派小王去中东地区发展空调市场,而当地的空调市场几乎被美国空调企业控制了。当小王初到这个地区的时候,并没有马上推销自己的产品。美国空调企业看到有竞争者进入自己的地盘,一直虎视眈眈地盯着对方。当他们发现小王没有任何行动时,反而更加警觉。

小王依然没有急着去卖自己的产品,他做得更多的是市场调查。他发现,中东地区的酷热使人们都争相购买空调,但含盐分极高的潮湿海风,从沙漠吹来的尘土,很容易使空调生锈堵塞。因此,本来可以用十几年的空调,最多只能用几年。

于是,小王开始行动了。他首先到处宣扬:"你们这里气候酷热,为了避免中暑,不使用空调是不行的。美国生产的空调质量好,使用他们的产品是明智的选择。"美国人听到他的这一言论,彻底地放心了。他们觉得小王的公司认清了形势,彻底认输了。

实际上，他是让技术人员暗地里对原产品进行改造，使之适应中东地区特殊的气候环境，新产品不但抗腐蚀性能得到增强，防堵性能也得到了提高。

新产品研制成功后，一上市就受到当地人的喜爱，而美国空调厂商面对这一局面，只好灰溜溜地让路了。

在小王的战术中，我们看到了他放纵对手的策略过程。他表面上按兵不动，装作服输的样子，大肆褒扬对方。当对方完全放松警惕、越来越沾沾自喜的时候，他却在暗中加了一把力，最终将对手打败。

放纵对手需要有一个完整的麻痹对手的过程，有时一次不成还要用两次，一招不行还要再用第二招。学会放纵对手，可以让你在竞争中顺利地走向胜利。

捧杀比棒杀更有效

智谋原典

贬之非贬，君子之谋也；誉之非誉，小人之术也。

——《度心术》

译文

贬损的目的不是贬损，这是君子的谋略。赞誉的目的不是赞誉，这是小人的手段。

捧杀，就是要利用他人的虚荣心，将其捧得飘飘然忘乎所以，使其觉察不到危险，最后达到自己的目的。棒杀，是直接使用权力、武力等手段，重拳出击，消灭对方。棒杀是明枪，捧杀则是暗箭。棒杀易躲，捧杀难防。

曾经有一个实验：将一只青蛙放进一盆滚烫的热水里，结果

青蛙马上跳出了热水盆,没有受到任何伤害。

再准备一盆冷水,把这只青蛙放进去,然后将水盆慢慢加热。开始时青蛙并没有觉察,反而感到很舒服。可是等到它感觉到水温太烫,会伤害自己时,已经没有力气跳出水盆了,最后死在滚热的水里。

同样是能置青蛙于死地的热水,为什么两次实验中,青蛙的命运会截然不同?其原因就在于,放进热水盆里,青蛙立即受到疼痛的刺激,所以能够迅速做出反应,跳出水盆逃生。而放进冷水盆后,水温缓慢地升高,青蛙享受的是泡在温水中的舒适,丝毫没有发现即将到来的危险,最终丧命。

这正如捧杀和棒杀的关系:致命的热水就是"棒杀",而逐渐加热的冷水就是"捧杀"。

当一个人在夸奖、吹捧里昏昏然享受时,很难注意到这些夸奖吹捧的话里暗藏的杀机。等到冷水越来越热,最终变成一盆滚烫的开水时,想跳已经跳不出来了。

其实,无论是"棒"还是"捧",最终目的都是一个"杀"。不同的只是前者杀人有声有形,后者杀人于无形。"捧杀"比"棒杀"更可怕,因为当你察觉的时候,已经身不由己了。

历史上,因为被人不断地极力吹捧而导致失败的事情不胜枚举。"灭君马者道旁儿"就是典型的故事。

街上一群游手好闲的人对一个骑士喊:"你骑的真是一匹好马啊!跑得真快啊!"骑士因受到赞扬而沾沾自喜,挥鞭催马,骏马加快速度跑起来。

这群人夸赞不停,骑士也扬鞭催马不停。最后,马跑得口吐白沫,速度也慢下来了。骑士的耳中却还是响着喝彩声。于是,他继续催赶自己的马。终于,那马筋疲力尽,轰然倒地而死。

捧,可以说是"零成本",只需说些顺耳的话取悦对方、迷惑对方,就能达到目的。

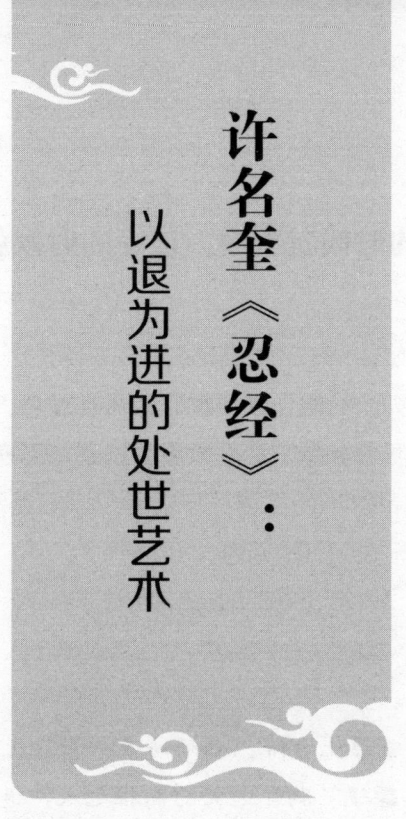

许名奎《忍经》：以退为进的处世艺术

"君子之所取者远，则必有所待；所就者大，则必有所忍。"苏东坡的这句话深刻揭示了中国"忍文化"的核心要义。《忍经》作为我国最系统完备的忍学著作，不仅寓意深远，更是一部集智谋处世与养生延年于一体的生活策略宝典。

该慢的时候就要慢,该等的时候就要等

智谋原典

仕进之路,如阶有级,攀援躐等,何必躁急。远大之器,退然养恬,诏或辞,再命犹待三。趋热者,以不能忍寒;媚灶者,以不能忍谗;逾墙者,以不能忍淫;穿窬者,以不能忍贪。爵乃天爵,禄乃天禄,可久则久,可速则速。

——《忍经》

译文

走上仕途,就像上台阶,必须一步一步往上走。如果跨越台阶,那就是太急躁了。胸怀远大的高雅之人,退居山林,恬淡自若。晋武帝几次下诏要李密做官,他都以家有老母需养老送终为由推辞。人们奔向温暖之地,是因为不能忍受寒冷;人们祭拜灶神,是因为害怕灶神的谗言;男女越墙相会,是因为忍受不了情欲的诱惑;盗贼翻墙入室行窃,是因为忍不住贪欲。但爵禄都是上天赐予的,官能做就做下去,需要离开时就离开,不要犹豫不决。

该慢的时候就要慢,该等的时候就要等。急功近利,揠苗助长,反而不能快速达到预期目的。尤其是当条件还不完全成熟的时候,更不能一味蛮干,心急吃不了热豆腐。欲速则不达,越是心急,越要脚踏实地,日积月累,如此才会功到自然成。

李渊建立唐朝后,还有一些地方割据势力与之对抗。

李世民奉命来到新绛安营扎寨,准备与刚刚逼近的宋金刚大军交战。将领们纷纷建议,趁着敌军刚到这里,还没稳住阵脚,一举出击，将其攻克。

李世民却说："敌军远道而来，一无充足的粮草，二无坚实的后援，他们肯定希望速战速决。如果我们主动出击，那不是正中敌人下怀吗？"

于是，李世民下令，全军整装待命，暂时闭门不出，即使敌人挑战也不迎战。

果然不出所料，几个月后，宋金刚的大军粮尽草绝，士气低落，无人愿战，只好撤兵回营。李世民见时机已到，便乘胜追击，大败敌军。

在战争中，不躁进方能尽快克敌制胜。正是李世民冷静忍耐，仔细分析敌我形势，按兵不动，隐忍待机，最后才轻松取胜。如果他急于求成，冒失地与敌人交战，那么战争的胜负也就难定了。

有人说过：忍耐是苦的，但最终会结出甘甜而柔软的果实。一个人如果缺乏耐心，不做好充分准备，最后往往功亏一篑。只有消除浮躁，承受忍耐的痛苦，忍他人所不能忍，才能成他人所不能成的大事。

有一位建筑设计专业毕业的学生，专业素养非常高。

毕业时，本来已经有一家著名的建筑设计院要录用他，可是他想到今后都要待在那个一成不变的工作环境里，不一定能有出头之日。于是，便打消了去那里的念头，放弃了这个非常好的学习和锻炼机会。

后来，他又去几家较大的建筑公司应聘，可是大公司都不要没有工作经验的毕业生。他找了几家小公司，可是又认为凭自己的专业能力，去小公司太委屈了。

没办法，他只好转行做起了销售工作。干了一段时间，一直没有得到提拔升职，便又换了几份工作。可是他总是认为升迁太慢，对工作环境越来越不满，逐渐失去了工作热情。

不久后，他联系了几个朋友一起做建材生意，他认为自己有

很大的专业优势，一定可以干好。可是专业学习与做生意毕竟不是一回事，没多久就亏本了，和朋友也闹得不欢而散。

最后，他的专业知识已经忘得差不多了，由于经常转行、变动工作，没有积累什么有价值的实践经验，对前途彻底失去了信心。

一个人拥有远大抱负不是错误，但前提是必须踏实肯干。有很多人，事情刚做了一半，就觉得大功告成，飘飘然起来。

心浮气躁，这山看见那山高，想着所有事情一挥而就、平步青云，这种人往往就会在工作中沉不下心来，什么都干不好，最终一无所获。人生道路就像攀爬台阶，要一级一级往上爬，一步一个脚印，耐心做事。想要一步跨越几级台阶，反而磕磕绊绊上不去，甚至还会摔落下来。

年轻人要励志奋进，有深度、有远见。进入了新的环境和领域，你就是一张白纸，要克服书生意气，不浮躁，不轻狂，不盲动，正视自己的地位和境遇。这样才能慢慢积累经验，磨砺意志，直至事事得心应手，最终功成名就。

慢就是快，建造高楼，只有基础打扎实了，大楼才会建得牢固又高大。这才是最稳妥、最快速的制胜之道。

不要用别人的错误惩罚自己

智谋原典

燥万物者，莫熯乎火；挠万物者，莫疾乎风。风与火值，扇炎起凶。气动其心，亦蹶亦趋，为风为大，如鞴鼓炉。养之则为君子，暴之则为匹夫。

——《忍经》

译文

能使万物干燥的，没有比火更热的了；能使万物飘动的，没有比风更快的了。风助火势，就能引起难以预料的凶祸。气可以动人心志，可以使人跌倒，可以使人奔走。如果能培养浩然正气，和道义相互配合，那就是合乎礼义的勇，就能成为君子。如果失去正气，行动起来有暴戾之气，那就是匹夫。

大丈夫能屈能伸，忍得一时之气，方做得人上之人。因为一些鸡毛蒜皮的琐事争执不休，不仅浪费了大好的时光和宝贵的精力，还会伤身劳神，得不偿失。

如果你小题大做，吹毛求疵，总是对生活中的小事耿耿于怀，那么，无论你多么才学出众、百毒不侵，你的人生也总有一天会被小事毁掉。

物理学家陈教授提出一个新理论之后，遭到了高教授的强烈质疑。

陈教授对别人说："高先生的理论，没有一点能够推翻我的研究所体现的事实。"

高教授听到后非常愤怒，千里迢迢去找陈教授辩论。

当高教授怒气冲冲踏进陈教授的办公室时，陈教授却热情地接待了他，并且谦逊平静地阐述了自己的观点。

结果，高教授心服口服，消除了对陈教授的误解。两位科学家从此化敌为友，欣然开始在研究的道路上携手合作。

在日常生活中，我们往往会遇到有人冒犯自己的情况，这时，你一定得保持头脑冷静，或者置之不理，或者宽宏大量，一笑了之。不论是泰然自若的微笑，还是表达蔑视的冷笑，都可以使自己摆脱尴尬的局面，让对方知难而退，避免事情恶化。

当性情急躁者冒犯你时，如果你针尖对麦芒，很容易激起双方更大的怒火。不妨暂时忍让，避开锋芒，压住心头的怒火，等对方锐气消减，再用充分的事实和柔和的语调说服对方，消除误会。

在生活中，每个人都会受到别人的种种侵扰和伤害。比如，被领导无端责怪，被好友冤枉，被陌生人污蔑等。当这些有意无意的伤害让你克制不住地生气、愤怒时，你要明白，这不仅不能解决问题，反而会让你受到更大的伤害。

有一次，老李骑着一辆脚踏车在路上闲逛，这时，一位女士也骑车从另一个方向疾驰而来。由于没刹住车，最后竟撞倒了老李。

谁知，这位女士先破口大骂起来："你这个糟老头到底会不会骑车？骑车不长眼睛吗？"

而老李对那位女士的言行并不介意，他一点也没有生气，只是不断地向对方道歉，说："对不起，我还不太会骑车，看来您已经学会很久了，是吗？"

这位女士的怒气立刻消失了，她羞愧地说道："不，我是半分钟之前才学会的，教会我的就是您。"

宰相肚里能撑船，几分容忍，几分度量，往往能够化干戈为玉帛。老李的冷静与智慧确实令人惊叹，然而更令人敬佩的却是他对待别人冒犯自己的态度。

我们何苦要用别人的错误惩罚自己呢？有怒火而不能隐忍抑制，那是匹夫之辈的作风。我们该怎样抵御愤怒呢？下面给大家介绍三种方式。

（1）照镜子。看看自己生气时的表情是多么可怕，然后再把它变成充满微笑和信心的样子，你会看到一个放松的、愉快的自己。

（2）避免压抑。可以出去散散心，在大自然柔和的抚慰中消除所有的愤懑和烦恼。

（3）给自己写信。从自己的来信中，体会到愤怒的心情，体悟到我们内心的爱与恨、苦与乐、生存与毁灭的冲突。

其实，当你冷静地想一想，引起你发怒的事情不都是你认为的别人的过失吗？而那个人已经走远了，那件事已经过去了，你却还在为它气愤不已。另外，如果那件让你生气的事，是你的对手故意安排的，岂不是正中对方下怀？

只有拥有宽广的胸怀，才会不计较别人的蛮横无理；对自己的行为负责，才能心平气和，免受怒火灼烧。

喜怒之情不要随意流露

智谋原典

怒为东方之情而行阴贼之气，裂人心之大和，激事物之乖异，若火焰之不扑，期燎原之可畏。大则为兵为刑，小则以斗以争……故上怒而残下，下怒而犯上。怒于国则干戈日侵，怒于家则长幼道丧。

——《忍经》

译文

怒是七情六欲的一种，阴阳家称为东方之情。发怒的结果是破坏内心的和气，让事物不能正常发展，做事就不会顺心，内心的怒气就会像燃烧的大火，无法扑灭。大怒会引起战争，小怒会引起争斗……所以居高位的人，动辄发怒，就会虐待下属；在下位之人，不顾礼义而发怒，就一定会冒犯上级。国家之怒会引发战争，家庭之怒会失去伦理之道。

人皆有七情六欲，这个世界上不存在没有喜怒哀乐的人。但是，在人际交往中，我们经常会遇到一些人似乎心如止水，从来喜怒不形于色，你无法从他们的表情中看出他们对某件事的看法、对某个人的态度。这样的人很可怕，因为你不知道该怎样应对他

们；但这却是沉稳、智慧的表现。

唐玄宗时期的宰相李林甫，是一个城府极深的人，他从不表现出自己真实的想法和意图。

安禄山在唐玄宗晚年得宠，位高权重，逐渐变得目中无人，非常傲慢。

有一次，他去见李林甫，摆出一副盛气凌人的姿态。李林甫却丝毫没有表现出厌恶或气愤的情绪，他一句话也没说，只是看着安禄山，完全不动声色。安禄山不知道李林甫在想什么，也不知该怎样应付，傲气顿时消了一大半。

最后，李林甫漫不经心地把安禄山的所思所想全部说了出来。安禄山大吃一惊，没想到自己的心理活动和隐私被李林甫看得这么清楚，而他自己却完全看不透李林甫的想法。

后来又在好几次交谈中，李林甫将安禄山的心思洞察得一清二楚，惊得安禄山面容改色，汗流浃背。

善于察言观色的杨国忠，同样摸不透李林甫的想法。李林甫临终前，杨国忠去他家中探听虚实。李林甫虽然已经苍老憔悴，可是目光依然深邃尖锐，杨国忠不禁心惊胆战。

李林甫流着眼泪对他说："我就要死了，以后你会掌握大权，我的家人还要你多多关照。"杨国忠听了，完全猜不出这是真心实意的临终托付还是耍诈，吓得跪在地上，满头大汗，紧张得说不出话来。

李林甫的城府之深可见一斑，正是由于他善于隐藏自己的真实情绪和企图，才让反对他的人无法制定出相应的对策来对付他，而他自己则可以口蜜腹剑，暗中做出针锋相对的决定，左右逢源，不露一点痕迹。

在高兴的时候，不要让兴奋扰乱了正常的思维，保持冷静，才能清晰准确地分析现状，审时度势，发现潜在的危机。

同样，遇到令我们愤怒的事，也要尽量克制怒火，以免招致更大的祸端。

有的人听到溢美之词就喜形于色，对手就会用奉承话来接近他，甚至要挟他；有的人容易被激怒，对手就会故意用鸡毛蒜皮的小事来刺激他，让他在怒气中失去理智；有的人情感比较脆弱，受不了一点伤感和委屈，对手就会用种种手段博取他的同情，让他在哀伤中失去正确的判断……

喜怒哀乐不留痕迹，是一种高层次、高水平的"忍"，体现了人生的智慧，反映为人处世的高超技艺。

听人劝，吃饱饭

智谋原典

心不则德义之经曰顽，口不道忠信之言曰嚚……待之以恕则乱，论之以理则叛，示之以弱则侮，怀之以恩则玩。当以禽兽而视之，不与之斗智角力，待其自陷于刑戮，若烟灭而爝息。

——《忍经》

译文

心里不行道德仁义就是顽固，口里不说忠节信义就是奸诈……以仁慈宽容的态度对待他们，就会导致祸乱；讲道理给他们听，反而更加混乱；向他们示弱，他们会变本加厉地欺侮人；给他们恩惠，他们却当作儿戏。对于这样的人，只能将其视为禽兽，不与他们斗智斗力。虽然他们凶顽不化，但总有一天会走向灭亡，犹如烟云瞬间消散一样。

执着于自己的见解，就是刚愎自用。智者明辨事理，勇于改过，而不刚愎自用。

通常看来，"半途而废"不是一种正确的做事态度，但是有些事情就需要"半途而废"的精神。它是变通，是不固守一成不变

的东西。

听人劝，吃饱饭。听不进他人的劝告，行动就容易失误。不固执己见，才是强者的气度、明智的选择。

前秦建元年间，王猛得了重病，他知道自己将不久于人世，便给苻坚上了一道奏章。

王猛在奏章中说："陛下雄才大略，如今已平定燕国，消灭后蜀，天下版图，已掌握十分之七。恳求陛下效法前代的圣王，善始善终，守住大业，这也是天下百姓的心愿！"

苻坚读罢奏章，热泪盈眶，认为王猛的建议很对。

后来，王猛病情恶化，苻坚亲自前去探视，王猛对他说出了最后的忠告："朝廷的忧患在内不在外！国内的鲜卑、羌族与我们是世代仇敌，应当设法削弱他们的势力，和东晋搞好关系。因为东晋虽小，但是君臣关系融洽，目前仍是延续正统。所以，陛下千万不要进攻东晋！"

苻坚为王猛举行了隆重的葬礼，却没有遵循王猛的忠告，而是把东晋当作唯一强敌，一心要踏平江南。

苻坚不顾众多大臣的反对，强征全国各族人民，拼凑了几十万大军，大举伐晋。结果却在淝水之战中一败涂地，险些亡国。

刚愎自用的人大多有一个特点：自恃聪明才高，不听劝告。苻坚好大喜功、急于求成，虽然他十分信任王猛，却对王猛临终前劝他不要讨伐东晋的忠告丝毫没有听进去。结果，他的一次固执己见，几乎断送了前秦的大好江山。

在历史长河中，贤明的君主大都非常乐于接受谋臣的意见，所以才会成就一番霸业。

顽固的人不肯接受他人意见，对别人的忠告充耳不闻，结果不仅做事达不到目的，还会撞得头破血流。

有一位艺人，青年时学习杂耍，终于闻名世界。

二十几年后，他决定返回家乡定居。他变卖了所有财产，买了一颗钻石和一张船票，钻石就藏在他的舱房里。

登船后，他给乘客们表演绝活。乘客们都聚拢过来观看，这使他洋洋自得起来。他拿出那颗珍贵的钻石，向大家解释说这是他毕生的积蓄，然后便开始抛耍。

不久，他的表演愈来愈惊险，大家知道钻石的价值，都劝他不要再继续了。但艺人对自己的能力充满信心，他把钻石抛得一次比一次高。

最后一次时，他说自己将把钻石抛到一个新的高度，让它暂时消失。观众纷纷劝阻，可他不顾旁人的劝告，凭借自信，把钻石高高抛向空中。然而一刹那间，船倾斜了一下，钻石掉入海中，消失得无影无踪。

就像这位不听规劝的艺人一样，我们有时也非常相信自己的能力和成功的经验，在人生的舞台上表演、炫耀，丝毫听不进去他人的忠告和建议，直至痛失机会，掉入深渊之中。

在生活中，我们要接触的新事物和完成的任务都非常多，不可能每件事都做到不出一点差错。如果有人来为我们指点迷津，提出有针对性的好建议，一定要认真听取，合理参考。

良药苦口利于病，忠言逆耳利于行。要记住，没有人会同情一个由于顽固执拗而失败的人。

地位低时，不挑三拣四

智谋原典

人生贵贱，各有赋分；君子处之，遁世无闷。龙陷泥沙，花落粪溷；得时则达，失时则困。步骘甘受征羌席地之遇，宗悫岂较乡豪粗食之羞。买臣负薪而不耻，王猛鬻畚而无求。苟充诎而陨获，数子奚望于公侯。噫，可不忍欤！

——《忍经》

译文

人生在世，无论是高贵还是低贱，都有各自的命运和本分。在君子看来，不论贵贱与得失，都要畅达悠然。飞龙偶尔会陷于泥沙中，鲜花有时也会飘落到粪坑里。时机到了就会发达，错过了时机难免受困。三国时的步骘和宗悫都曾因贫穷而受辱，但他们并不计较，后来都飞黄腾达了。西汉的朱买臣靠卖柴为生，充满信心，最后官至会稽太守。王猛官至尚书左丞，人们曾经轻视他，他却泰然自若。贫贱而不失志，就能位至公侯，处于贫贱之中的人一定要安心忍受。

富贵最为诱人，谁都想富甲天下，位高权重。可是，人生中富贵贫寒，各有定数，有贵就有贱。

一个人在贫贱时，不怨天尤人，不攀仰富贵，悠然自处，等到时机来临，抓住机会，就会获得成功。

每个人的人生中都会有低落的时期，说话做事都可能被人轻视，甚至受到种种侮辱。这个时候，克制隐忍不是自轻自贱，也不是忍气吞声的懦弱，而是忍耐以求保存实力，以求今后更大的发展。

三国时期，步骘到江东避难，他和卫旌彼此关系很好，两人都靠种瓜为生。焦征羌是当地的豪族，为人傲慢放纵。步骘和卫旌在他的土地上种瓜，怕受到他的欺压，就去送瓜给焦征羌。

焦征羌正在里面睡觉，很久都不出来。卫旌想要离去，但步骘劝他说："本来我们来献瓜给他，就是害怕他的强势，现在我们自命清高，甩手离开，只能结下更深的怨恨。"

许久，焦征羌才接见他们。他坐在帐中，在地上摆两张座席，让步骘、卫旌坐在窗外。

卫旌觉得很耻辱，步骘却泰然自若。吃饭时，焦征羌坐在一张大桌子旁，酒菜丰盛，给步骘、卫旌的却只是一小盘饭，上面只有零星的蔬菜。

卫旌吃不下去，而步骘却吃饱了才出来。卫旌生气地对步骘说："你怎么能忍得下这口气，受这样的侮辱？"

步骘说："我们现在是贫贱之人，主人用贫贱的方式对待我们，本来就是应该的，又有什么可耻的呢？"

处在窘困的境地，就不要过于清高，在注重自我修养提高的同时，安于贫贱。只有深刻体会到贫贱的感受，才能奋发图强。

就像步骘一样，穷困但不自怨自艾，地位低微也能不卑不亢，面对侮辱可以处之泰然。最后，他凭借卓绝的才华和高尚的品质，逐渐由卑微走向富贵，官至宰相。

韦文军的装饰公司在短短几年内迅速发展壮大，他自己也成为深圳装修装饰行业的传奇人物。可是他刚到深圳时，却经受了一连串的打击。

当他第一次走进老板的办公室，老板头都没抬一下便急着赶他走。

韦文军并没有退却，而是小心地拿出作品放到桌面上。在他的软磨硬泡之下，老板答应试用几天。

没过几天，老板看出他只会点皮毛，又想赶他走。

韦文军依然忍耐着。他说自己不要任何报酬，只要管吃住就可以，并且每天为公司打扫卫生。老板答应了。

从此，韦文军每天要从清晨一直忙到中午。等所有的清洁工作做完后，他就坐在别人电脑前，看着人家操作。下班后，夜深人静他还在看各种专业书籍，并且上机练习操作。

后来，韦文军觉着自己缺乏建筑方面的专业知识，就想到总工程师那里去学习，可是总工程师却看不起这个整天刷马桶的人。

韦文军依然没有知难而退，他经常给总工程师倒茶跑腿，从来没有怨言，终于打动了总工程师，允许他跟在一旁学习。

不久，公司任命韦文军正式上岗做设计师。他的设计图做得很好，中标率非常高。于是老板便提拔他当了设计总管，很快又

提升他为总监。

两年之后,韦文军带着全部积蓄,开了一家属于自己的装饰公司。

在人生的起步阶段,总是充满困难的。在默默忍耐的时候,我们要明白这种忍耐的价值所在,保持对未来的执着梦想,因为它会给我们带来希望。不管遇到怎样的艰难和痛苦,只要不放弃希望,就有勇气忍受一切。

身份高贵要惜福

智谋原典

朝为公卿,暮为匹夫。横金曳紫,志满气粗;下狱投荒,布褐不如。盖贵贱常相对待,祸福视谦与盈。鼎之覆餗,以德薄而任重;解之致寇,实自招于负乘。讼之鞶带,不终朝而三褫;孚之翰音,凶于天之躐登。静言思之,如履薄冰。噫,可不忍欤!

——《忍经》

译文

自居高位的贵人,朝可能贵为公卿,暮却贱如匹夫;得势时,志得意满;而失势时,问罪下狱,贬死远方,连老百姓都不如。贵贱是相对的,祸福则取决于一个人的谦逊或自满。如果一个人道德低下却占据高位,没有智慧却要筹划大事,能力不足却担当重任,这样的人是没有好结局的。因竞争而得到王侯赐的服饰,在不到一天的时间内会三次被夺回。鸡本不是登天的动物,却还想登天,这样的人没有不倒台的。所以,静心想想,贵并不是福,怎能不忍一忍追求富贵之心呢?

为人处世,在他人之上,要视别人为人;在他人之下,要视自己为人。

有的人坐在高堂上,指使别人干这干那,不合他的心意就怒斥左右,甚至暴跳如雷。左右的人看他的脸色行事,生怕他迁怒于自己。真正有能力、有权势的人,则善于引导,而不是依仗身份地位去随意责备、训斥他人。

任何人都没有理由要求别人对自己毕恭毕敬,因为尊重是相互的。不要凭借凶暴欺负善良者,不要凭借富有欺负贫穷的人。风水轮流转,三十年河东三十年河西,盛衰都是一时的事。

身居高位的人更要注意自己的言行,小心谨慎,以免触及别人敏感的神经,引发误会和矛盾。成功的人都深明此理,珍惜自己的福分,对自己的下属以及不如自己的人,都谦逊和蔼地关照。

东汉的冯异,最初在王莽手下为小官,后见王莽为害人民,被人民所怨恨,便投靠了刘秀。

冯异对东汉统一建国之功是巨大的,但他从不居功,对人也特别谦让,每当同其他大将的车仗在路上相遇,他必告诉车夫退让绕道,让别人先过。

他带兵交战时,在各营之前;退兵时,在各营之后。当休战时,诸将坐在一起,都宣扬自己的功劳,而冯异则躲在大树下,一言不发,后来大家都称他为"大树将军"。不仅刘秀对他格外器重,他的军队亦多愿在他麾下效力。

老子说:"江海能为百谷王者,以其善下之。"只有谦虚的人才能发现别人的优势,知道自己的不足。

越是伟大的人物越谦逊,他们不会因为位高名显而飞扬跋扈,而他们越是谦逊,世人就越觉得他们伟大。

真正成功的人,理解世事艰难,懂得谦虚待人。凡唯我独尊、目空一切、夸夸其谈、不可一世的人,定是阅历太浅、磨难太少。

一个不起眼的人在不经意间成就了不平凡,他不会说自己多么厉害,而只是默默地努力着,等待着时机,然后厚积薄发。

权力，是一柄双刃剑

智谋原典

盖权之于物，利于君，不利于臣；利于分，不利于专。惟彼愚人，招权入己，炙手可热，其门如市，生杀予夺，目指气使，万夫胁息，不敢仰视。苍头庐儿，虎而加翼，一朝祸发，迅雷不及掩耳。

——《忍经》

译文

权力是君主的，臣子应该各司其职，如果想夺权越权，则会导致灾祸。只有愚蠢的人才会不加节制地攫取权力，当他气焰熏天时，门庭若市，掌握生杀大权，用眼神和气色就能指挥别人，大家都屏息，不敢仰视他。殊不知那些专权的愚人，得势时就像老虎插上了翅膀，而一旦失去权势，灾祸就以迅雷不及掩耳的速度降临。

权力的巨大诱惑，令人无法抵御，因为有权就意味着有利。如果用权力为百姓做事，自然无可非议，但有些掌握重权的人却以权谋私。

在官场中，贪恋权位不仅容易成为别人谋势布局的棋子，而且在条件有变的时候，还会遭受致命的打击。唯有审时度势，隐忍放权，才能避开灾祸，保全既得利益和身家性命。

西汉的霍光，是汉武帝选定的托孤大臣。他忠实厚道，担当重任，勤勤恳恳辅佐汉昭帝14年。汉昭帝死后，霍光迎立昌邑王刘贺入宫当了皇帝。刘贺淫逸玩乐，霍光便废掉了他，立汉武帝的曾孙刘询为帝，朝政大权依然掌握在霍光手中。

霍氏家族在当时非常显赫,得到的赏赐无数,很多人都做了大官。

等到霍光死了,孝宣帝刘询才开始亲政。霍光的夫人和儿子等利欲熏心,竟然谋划废掉太子,结果事情败露,都被杀头或腰斩示众,家族也遭到株连,被杀的有几千户人。

地位高的人,家族虽然可以受到福荫,但也存在着很大的危险。霍光辅佐汉朝皇帝,忠心耿耿,也不能庇护他的家族。

为官时一定要尽量忍住大权在握的表现欲,要像手捧倒满水的杯子一样小心谨慎,这样才不会因为太满而洒出来,给自己带来种种麻烦。

成大事、建大功业,自然希望问鼎最高地位,获得最大权力。追逐权势的过程异常激烈残酷,稍有不慎便会陷入危机之中。面对权力和利益的诱惑,有的人就会丧失警惕心,运用手中的权力干出危害社会的事情;有的人则沾沾自喜,到处炫耀,遭人嫉恨……

一个人无论有多大的成就,总有不足之处,懂得尊重别人,聆听他人的意见,非但不失身份,反而更能得到大家的尊重。

说到底,权势之忍就是不贪恋权势、不依附于权势、不惧怕权势。明智者,会忍住对权力的渴望,在事业成功时全身而退。

温柔乡里失江山

智谋原典

宴安鸩毒,古人深戒;死于逸乐,又何足怪。饱食无所用心,则宁免博弈之尤;逸居而无教,则近于禽兽之忧。故玄德涕流髀肉,知终老于斗蜀;士行日运百甓,习壮图之筋力。盖太极动而生阳,人身以动为主。户枢不蠹,流水不腐。

——《忍经》

译文

贪图安逸的生活,比鸩毒害处更大,古人深以为戒。死于安乐之中,也没有什么可奇怪的。饱食终日,无所事事,还不如去下一盘棋。至于那些饱食暖衣却没有教养的人,则如同禽兽。所以,刘备为腿上长了肥肉而流泪,因其知老之将至,而功业未成;陶侃每天搬运砖块,为的是锻炼筋骨、培养耐力。生命在于运动,成功在于勤奋,正如经常转动的门轴不容易被虫蛀,流动的水不容易腐臭一样。

豪华尽出成功后,逸乐安知于祸患。安逸总是和祸患形影不离。任何想要做出一番大业的人,如果不思进取,不懂得磨炼意志,就必定会在安逸中遭受灾祸。

《孟子》中有一句话:"生于忧患,死于安乐。"意思是说艰苦的生活环境能够锻炼坚强意志,激励人们不断进取。如果长期沉浸于优越轻松的生活环境中,人很容易被腐蚀,往往会变得颓废。

南唐国主李煜在两任才女皇后的陪伴下,在金陵城内尽情游乐、不问世事,最终将南唐带向灭亡的深渊。

李煜的第一位皇后周娥皇,才华过人,通书史,善音律,尤工琵琶。她与李煜可谓才子佳人,夫唱妇随,两人每天都在宫中填词作曲,宴乐游赏。

无论是周后的曲还是李煜的词,都充满着旖旎绮丽的情调。国事艰险、百姓困苦,都已被抛诸脑后。

周后因病去世后,李煜又续娶了她的妹妹小周后。此时南唐国势已经日趋衰落,李煜却还是整天沉浸在小周后的温柔乡里,纸醉金迷,逃避国事。

然而,逃避终究解决不了问题,金陵城中的风花雪月,在赵宋王朝的铁蹄下消失殆尽。小周后陪着李煜一起成了阶下囚,在耻辱和悲哀中度过了人生的最后岁月。

贪图安乐就像饮下甘甜的毒酒，让你在迷醉中失去生命，失去美好生活的希望。李煜就是整日在安逸颓废的生活中放纵享乐的欲望，最终成了宋王朝的俘虏，只能在"梦里不知身是客，一晌贪欢"中回味他曾经拥有的"无限江山"。

人生苦短，一定要在有限的时光里，积极进取，做更多有意义的事。否则，我们的能力就会慢慢退化，在饱暖思淫欲中庸碌一生。

选择安逸的生活，就相当于自我毁灭。一旦沉迷于享受之中，很快就会变得意志消沉，苟且偷生，更别提奋发图强，有所作为了。

一个人死后，在黄泉路上看到一座金碧辉煌的宫殿。宫殿的主人请他留下来。

这个人说："我在人间辛辛苦苦一辈子，我现在只想吃，只想睡，只想玩乐，就是不愿工作。"

宫殿主人说："如果你希望这样的话，那世界上再也没有比我这里更适合你的了。这里有山珍海味，随你想吃多少；这里有温暖舒适的床铺，你想睡多久就睡多久；这里也没有任何工作需要你来做。"

于是，这个人就住了下来。

刚开始的时候，这个人吃了睡，睡了吃，感到非常快乐。时间一长，他觉得有点寂寞和空虚。

于是他去见宫殿主人，抱怨说这种日子太无聊了，想要做些事情。

宫殿的主人说："对不起，我们这里从来就没有任何工作。"

又过了一段时间，这个人实在受不了了，便对宫殿主人说："如果你不给我工作，我宁可下地狱，也不再住这里了。"

宫殿主人轻蔑地笑了，他说："你以为这是极乐世界吗？这里本来就是地狱啊！"

　　我们常常沉醉于优越舒适的环境中,以为正在享受生活,却不曾想到,自己其实正处在祸患之中。

　　安逸就像地狱一样,总以一种华丽安乐的面貌出现。但是它却能在不知不觉中摧毁你的梦想,侵蚀你的心灵,让你逐渐变成一具没有灵魂的行尸走肉。

　　无所事事地消磨时光其实是一种痛苦,心灵的空虚和头脑的呆滞会把人带入危机之中。努力拼搏的人,虽然每天都很辛劳疲惫,却非常充实,时时都有收获。

　　放下安逸,努力工作,忙碌会让我们感受生命的真实存在,让我们的梦想得以实现,这才是真正的享受。

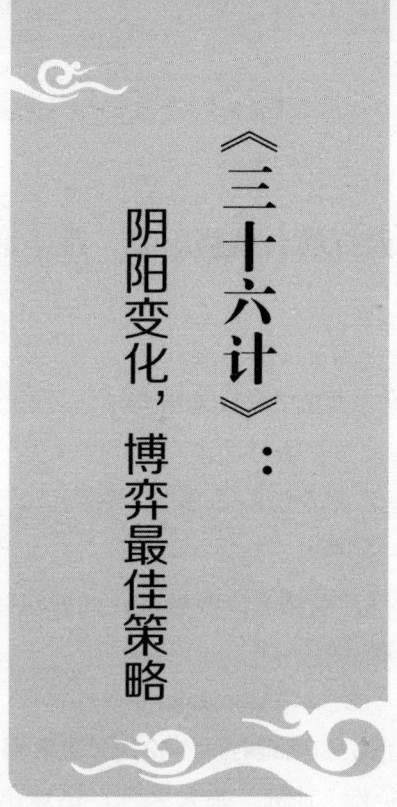

《三十六计》：阴阳变化，博弈最佳策略

古语有云："用兵如孙子，策谋三十六。"《三十六计》汇集了历代兵家的"韬略"与"诡道"智慧，被誉为兵法与谋略的奇书。计中有术，术中有计，阴阳调和之间，机锋暗藏。机遇难以预设，一旦强求，便难以中的。所有的谋略归根结底都是为了利益之争，《三十六计》便是中国式博弈策略的集大成者，旨在利益的争夺中取得先机。

趁火打劫：就势取利，乱中取胜

智谋原典

敌之害大，就势取利，刚决柔也。

——《三十六计》

译文

敌人遭遇困难，处境危险的时候，我们就要抓住机会，乘敌之危，就势而取胜。

当敌人遇到危机和困难时，不论是天灾人祸，还是内忧外患，都是可以利用的绝好时机。乘人之危，迅速出击，便可以稳操胜券。

孙子曾说：乱而取之。杜牧解释这句话时也说，当敌人混乱的时候，可以趁此机会果断下手。所以，趁火打劫的精要就在于一个"乱"字。善于利用对方的"乱"，甚至在不乱时煽风点火制造混乱，乱中取胜。

无盐氏是汉代有名的高利贷商人，他曾靠趁火打劫的手段发了一大笔横财。

吴楚七国之乱时，长安城中的列侯封君纷纷请求带兵出征，以表明自己的忠诚。然而，长安城中一时难以备齐足够的军用物资，列侯封君们只好向高利贷商人借钱购买。

可是，高利贷商人们怕叛乱地区失守，借出去的钱收不回来，都推说没有现钱。

无盐氏分析了战争形势。他认为长期的秦末战乱，百姓都渴望安定的生活，叛乱不得人心，一定会被平定，自己应该抓住机会捞一把。

于是，他表面上装作很为难的样子，表示自己对平叛的前景无法预料，怕借贷的风险太大，承受不起。除非肯出十倍于本金的利息，他才能勉强同意。

就这样，无盐氏一共贷出1000万钱。等到平叛后，列侯封君们所偿还的本金和利息，令他一举成为长安城首富。

无盐氏洞若观火，利用叛乱的不稳定局势，抓住了列侯封君急需资金的关键命脉，发了大财。往往对手越慌乱，就越会暴露弱点和漏洞，给我们可乘之机。

在如今的商战中，乘人之危、顺势取利的计策也运用得十分广泛。一个企业濒临破产之际，其他财团就会蜂拥而至，戴着挽救这个企业的"大善人"的面具，将其吞并或者收购其人才、设备等可用资源，最终将这个奄奄一息的猎物彻底摧垮。

谈判双方都希望尽可能多地了解对方，拿住对方的把柄或者抓住决定对方命运的关键之处。在与对方谈条件时，首先就要掌握对方的现状和窘境，知道对方已经无路可退，便趁火打劫，逼迫对方答应自己的条件。

这是一种强者打击弱者的策略，专在别人陷入困境时下手，使强者更强，弱者更弱。

该争的时候就要争取，不可以心慈手软选择退出，只知道退让的人没有出头之日；该出手时就出手，不做绵软无力的"老好人"，绝不能因姑息迁就而给自己、给世人留下祸患。

懂得发现乱势，利用乱势所带来的奇迹，考验的是决策者的智慧和胆识。在纷乱中，精明的人不会束手无策或隔岸观火，而会充分利用一切机会，获得最大利益。

上屋抽梯：断其后援，逼其选择

智谋原典

假之以便，唆之使前，断其援应，陷之死地。

——《三十六计》

译文

假借给敌人一些便利，让敌人受我方的唆使，以诱导他深入我方，我方则乘机切断他的后援，最终陷他于死地。

军事谋略中有许多诱敌之计，其中"上屋抽梯"就是非常高明的一招。

用小利诱骗敌人，必须事先给他搭一个梯子，引诱他一步步登高，爬上屋顶。这时，你再猛然把梯子撤走，把敌人逼上绝路，使其束手就擒。这一招的关键之处，就在于如何安放梯子，诱使敌人上当。

东汉末年，刘表偏爱少子刘琦，不喜欢长子刘琮。刘琦的后母非常嫉恨他，总想除掉他。

刘琦对自己的处境也早有察觉，多次向诸葛亮请教，但诸葛亮一直都不肯为他出主意。

有一天，刘琦请诸葛亮到一座高楼上饮酒，等二人就座后，刘琦暗中派人拆走了楼梯，并对诸葛亮说："今天这样的情形，上面够不着天，下面落不了地，您所说的话只有我一个人能听到。这样先生可以为我指点迷津了吧？"

诸葛亮见事已至此，也没有其他办法了，便给刘琦讲了晋献公的妃子骊姬谋害晋献公的儿子申生和重耳的故事。重耳逃往他国避难,而申生被骊姬陷害,自刎而亡。

最后,诸葛亮总结说:"申生在内而亡,重耳在外而安。"

刘琦马上明白了诸葛亮的话。他立即上书,请求前往江夏任职,像重耳一样避开后母,以免遭到迫害。

刘琦引诸葛亮"上屋",是为了求他指点,"抽梯"是断其后路,也是为了打消诸葛亮的顾虑。刘琦以上屋抽梯之计换来了诸葛亮的建议,这大概是以智谋闻名的诸葛亮万万没有想到的。

这一计策的制胜点就在于先甜后苦,先顺后逆。诱使对手上当,断绝一切后退的可能和希望,使他陷入孤军奋战、孤立无援的境地。

在现代生活中,高明的人也经常用到此计。假装给对手提供一些利益诱骗其上钩,或故意造成一些漏洞,让对手以为有可乘之机,逐步使他深入我方,然后再突然摊牌,逼其就范。此时对方已然陷入绝境,失去了一切后援和接应,只得听任摆布。

一位小伙子走进一家宾馆想解决内急。突然,一个打扮得花枝招展的女郎跟着他进了卫生间,并迅速把门关上,柔声说道:"把你的钱和手表给我,不然我就喊非礼。"卫生间里没有第三者,真相难以说清,不给钱女郎就喊非礼,弄不好会使自己声名狼藉。小伙子急中生智,用手指指自己张大的嘴巴,又指指自己的耳朵,然后"呜呜啊啊"地叫起来。

女郎见事情不顺利,便想转身溜走。此时小伙子掏出钢笔递给她,将自己的手掌伸出来,示意女郎把刚才的话写在他的手掌上。

女郎以为真的遇到了聋哑人,失去了警惕,还想继续敲诈,便拿起笔在小伙子的手上写道:"把钱和手表给我,不然就喊非礼!"

小伙子取得了女郎的罪证,便一把抓住她,大喊:"抢劫!"

在与对手交锋前,要了解他的弱点,并有针对性地选择一架"梯子"给他放好,再以最合适的利益引诱他一步一步走到屋顶。

等到对方被假象蒙蔽,走到陷阱中之后,迅速抽走梯子,断其后路,关门捉贼,完全控制对方。

远交近攻:利从近取,害以远隔

智谋原典

形禁势格,利从近取,害以远隔。

——《三十六计》

译文

由于受到地势和地理状况的限制和阻碍,先攻就近的敌人可以取得一定利益,如果越过近敌先去攻取远处的敌人是有害的。

远交近攻的谋略出自范雎。"王不如远交而近攻,得寸则王之寸,得尺亦王之尺也。"这是范雎说服秦王的关键。意思是说,要结交离自己远的国家,攻打离自己近的国家,以达到分化对手联盟、各个击破的目的。

这一谋略的妙处就在于,攻击邻国可以避免自己国家周边发生变乱,增加本国领土,而与远方的国家交好,也不过是权宜之计,消灭近邻之后,对远交之国的征伐就不可避免。

秦灭六国,正是远交近攻,攻交并施,循环往复,步步兼并,最后统一天下。

"混战之局,纵横捭阖之中,各自取利。远不可攻,而可以利相结;近者交之,反使变生肘腋。"远交的最终目的还是近攻,当近攻的目标实现后,原本的远交就会变成进一步的近攻,步步逼近,直至掌握全局。

在现代商业竞争中,不同的国家有不同的文化,即使是同一国家的不同地区也有着不同的风俗习惯,如果舍近求远,不注意将重心放在本地，或者将在本地适用的方法盲目扩张到其他地区，就有可能导致企业的危机。

远交近攻之计运用于军事外交当中，主要是考虑到地理环境因素的影响，而在政治经济活动中，这一思想则有着更为广泛而深刻的内涵。

在古代，建立了新朝代的皇帝，往往会对开国功臣大肆夺权甚至诛杀，而提拔一些原本默默无闻或不曾进入政治中心的新人。这是因为功臣、能臣为皇帝和国家做出的贡献太大，大到一定程度就有篡权的危险，因而成了皇帝心头的隐患。而新启用的人才由于根基较浅，对皇权构不成威胁，皇帝才会对其放心。

其实，不仅是帝王之交，即使平常我们与人交往时，也常常会有这样的情况：一个人和他最亲近、最密切的人经常无法和睦相处，反而是和不常交往或者不是每天生活在一个屋檐下的人关系很好。其实，这暗合了远交近攻的思想。不论是同学、同事还是室友，彼此接触频繁，就难免会产生利益冲突或其他矛盾，而跟不常接触的人，彼此往往会展现出最好的一面，因而可以长期保持良好的人际关系。

事情总有轻重缓急之分，对于条件暂时不允许的事情，就放在一边，集中精力去"近攻"目前可以做到的。然后再寻找时机，创造条件，去做原来"远交"的事情。这样，就能一步步地变远交为近攻，走向成功。

树上开花：借局布势，力小势大

智谋原典

借局布势，力小势大。鸿渐于陆，其羽可用为仪也。

——《三十六计》

译文

兵力弱小的一方借助某种因素和手段，布成有利于自己的阵势，让自己显得充实壮大，就像鸿雁由高空慢慢落到地上，全凭羽毛丰满的翅膀助长气势。

在军事行动中，当自己兵力弱小，不足以与强大的敌人对抗时，我们可以借助援军、友军的势力或者制造某种假象，壮大声势，让对手真假难辨，在其眼花缭乱之际，采取有力行动，变弱为强，以少胜多。

有一次，南宋名将毕再遇率军与金兵久战。后来金兵援军到来，双方兵力悬殊，毕再遇打算撤军。

然而，金兵时刻都在监视宋军大营，公然撤退，金兵必然会全力追击，于是毕再遇想出了一条妙计。

他命令士兵们各自带上三天的口粮，营帐、军旗一律不动。又命人找来几只羊，将它们后腿吊起来，放在更鼓上。

夜深之后，毕再遇下令全军撤退，不准点火，不能发出声响，趁着夜色悄悄撤走。

此时，金兵哨兵们眼睛都不敢眨一下，看到宋军像平时一样，灭灯入睡，军旗依旧在帐前飘扬，还不时地听到打更的声音。

其实，这是因为被吊起的羊感到疼痛，便四蹄乱蹬，拼命挣扎，踢得更鼓"咚咚"直响。羊累了，歇一会儿再挣扎，便又发出"咚咚"声。在远处的金兵听了，就像有人在打更一样。

就这样，第二天天亮了，宋军大营一点动静也没有。金兵将领发觉情况异常，赶紧派士兵刺探情况，才发现对面早已是一座空营。

以智谋闻名的毕再遇果然名不虚传，居然能用羊腿踢鼓的计策骗过金军哨兵的眼睛，在敌人的严密监视下率领大军撤离。不得不说，这一招"树上开花"之计确实高明，蒙骗了敌人，为自己赢得了一线生机。

这一计策的关键就在于告诉处于弱势地位的人，不要以蛮力进攻，而要以智取胜，充分利用和借助强者的力量，通过"搭便车"，用别人的势力为自己谋求利益。

这不仅是兵家谋略，战场上的制胜法宝，就是在现在的商业竞争中，如果恰当地运用此计，也一样会收到奇效。有一些小企业，力量较弱小，产品还不具有较高的知名度。它们往往不会投入大量广告宣传资金，而是借助实力雄厚企业的资源和气势，以最少的付出获得最大的回报。

嘉华制造公司研制出一种可以有效改善皮肤状况的护肤霜。可是当时护肤品市场几乎都被财大气粗的乐富公司占据着。要想让自己的新产品被人们接受，并不是件容易的事。

经过苦思冥想，嘉华公司的总裁终于想出了一个办法。

他推销新产品时，总是这样对客户说："乐富公司是化妆品行业的领跑者，您选购它的产品真是选对了。不过，当您用过乐富公司的产品后，要是再涂一层嘉华公司生产的护肤霜，您将会收到神奇的效果。"

起初，大家都很不理解总裁的做法，从来没有人主动为自己的同行和最大的竞争对手做宣传。

但实际上，这一招确实非常有效。因为乐富公司的产品价格不菲，能买得起它的人，都不会在乎多花几个小钱，试一试"神奇的效果"是什么样的。

渐渐地，顾客发现嘉华的产品使用效果非常好，价格也不贵。于是，许多人的常用护肤品都换成了嘉华公司的产品。

嘉华公司的知名度迅速提升，发展也越来越快，最终取代了乐富公司的主导地位。

嘉华公司的总裁所采用的正是"树上开花"之计。他并未套用一般的营销策略，而是反其道而行之，替自己的竞争对手做宣传，实则是借着对手的声势为自己的产品开路，最后成功打入市

场，由弱变强，打败了原本财力雄厚的对手。

树上开花这一智谋，就是告诉人们怎样才能搭上顺风车，借别人的局面布成于己有利的阵势，借他人的力量震慑敌人。

学会这种方法，可以让自己少冒一些风险，少牺牲一些利益，迅速发展壮大。

借刀杀人：不必亲行，坐享其利

智谋原典

敌已明，友未定，引友杀敌，不自出力。

——《三十六计》

译文

对敌人的情况已经明了，但盟友的态度尚不明朗，借用盟友的力量打击敌人，以避免消耗自己的力量。

这是非常聪明的一计。借他人之力、他人之口、他人之刀，为自己的发展扫清障碍，这是为了尽可能地保存实力而使用的招数。当探明敌人动向之后，借助第三方的力量攻击敌人，自己则在暗中操控，既实现预期目标，又不会损失自己的精力和利益。

在中外军事史上，假借他人之手达到目的的成功战例比比皆是。王允借吕布之手杀了董卓，曹操借黄祖的刀杀掉了祢衡，范文程利用崇祯皇帝的疑心除掉了袁崇焕……都是自己躲在一边暗暗指挥，而让别人扮黑脸，消耗别人的力量，又不会弄脏自己的手，可谓精明绝顶。

诸葛亮出师南征时，雍闿、高定派兵偷袭蜀军大营，却被杀得大败，许多士兵都被蜀军生擒活捉。

诸葛亮将雍闿和高定的士兵分别囚禁，然后让人暗中散布谣言，说高定的人免死，雍闿的人一个不留，全部杀掉。

然后命人将雍闿的兵士带到帐前询问。那些兵士都怕杀头，便称自己是高定的人。于是诸葛亮假装相信他们所说，赏给他们酒食，还命人送他们回去。

这些俘虏回到雍闿营中，都说高定背叛了他，投降了敌军。而诸葛亮又骗真正的高定的士兵说："雍闿已经准备投降了，并要献上高定、朱褒的首级。"

随后，诸葛亮又故意把高定的密探误认为是雍闿的人，让他转交一封信给雍闿。信中说，让雍闿及早下手，杀掉高定。

密探把信交给高定，高定看后大怒，率兵连夜突袭雍闿大营，取下雍闿首级后献给诸葛亮。

而诸葛亮却说高定是诈降，还说朱褒已经派人送信，说高定与雍闿是生死之交，不会杀掉他而投降蜀军的。

高定听后怒火中烧，立刻回去带人攻击朱褒军营，将朱褒首级献给诸葛亮，率领全军投降了蜀军。

诸葛亮进行一连串的连骗带吓、挑拨离间，故意在敌人中制造矛盾，埋下猜疑的种子，诱使敌人内部自相残杀，投降蜀军，不费吹灰之力就除掉了心头之患。

借刀杀人，并不一定指的是真正的刀，真的要夺人性命。在现实生活中，"刀"的含义有很多。金钱、人才、制度、形势等等，只要是一切可以借助利用的外部条件，都可以成为一把锋利的刀。借得巧妙，用得恰当，就可以获得奇效。

在商业竞争中，运用这一谋略既不需要自己亲自上阵，又不会消耗自己的实力，更不会招致骂声和罪名。因此，"借刀杀人"频频出现在各种商战实例中。

有一家医院准备购买一台高档超声医疗设备，根据规定，购买这样的设备需要进行招标。

医院超声科的医务人员看中了一家公司提供的产品，但是按照常规，标书将由医院设备科撰写。

在洽谈时，这家公司的业务员小张发现，医院设备科科长对自己公司的产品并不看好，他看中的是另一家公司的设备。如果按正常程序，标书的内容将不利于自己公司中标。

在一次偶然的聚会中，小张得知设备科科长有一位亲戚在竞争对手公司工作，于是，他利用这一关系，把这个情况传达给了医院的领导。最终，医院领导为了让设备科科长避嫌，再加上这台设备是为超声科买的，所以决定让超声科负责撰写标书。

最后的结果，自然是超声科买到了自己中意的设备，小张也成功将自己公司的产品销售了出去。

业务员小张借用医院领导之"刀"，解除了设备科科长撰写标书的权力，使得这个关键人物也是最大障碍失去作用，为推销自己公司的设备铺平了道路。小张自始至终都没有出现，完全借他人之手为自己除害，不留痕迹地达到了目的。

当然，此计虽好，也不可用于害人，否则，借来的"刀"成为"杀人利器"的同时，也会带来反噬，在某一天割伤自己。

借尸还魂：用别人的资源办自己的事

智谋原典

有用者，不可借；不能用者，求借。借不能用者而用之，匪我求童蒙，童蒙求我。

——《三十六计》

译文

有作为的，不求助于人，难以为我所用；无所作为的，才求助于别人，因此可以为我所用。合理利用没有用的，就能达到不是我受人支配，而是支配别人的目的。

一个人的生命和能力有限，古往今来的成功者，大多是懂得借力的高手。

借尸还魂这一计谋，是指已经衰落或死亡的事物借助另一种形式重新出现。也就是说，当处于被动局面时，要善于利用一切条件，哪怕是大家都摒弃或忽视的东西，只要慧眼独具，为我所用，也能够扭转局势，争取主动，实现既定目标。

在古代，农民起义总要想出一个堂而皇之的借口，以证明自己的武装行动确实是义举。他们往往会找到一个亡国之君的后裔，打着光复前朝的旗号，赋予自己合理正当的历史使命。这就是借尸还魂的典型应用。

秦朝实行暴政，天下百姓都有反秦的愿望，但是如果没有强有力的领导者和组织者，难成大事。

秦二世元年（前209），陈胜、吴广被征发到渔阳戍边。路上连降大雨，眼看无法按时到达渔阳。秦朝法律规定，凡是不能按时到达指定地点的戍卒，一律处斩。陈胜、吴广知道，即使到达渔阳，也会因为误期被杀，不如一拼，寻求一条活路。

但是二人地位低下，恐怕没有号召力。当时有两人深受百姓尊敬，一个是秦始皇的长子扶苏，温良贤明，已被秦二世暗中杀害；另一个是楚将项燕，功勋卓著，爱护将士，威望极高，在秦灭六国后不知去向，于是陈胜、吴广公开打出他们的旗号。不仅如此，他们还利用当时人们的迷信心理，巧妙地做了其他安排。有一天，士兵做饭时，在鱼腹中发现一块丝帛，上面写着"陈胜王"，士兵大惊，暗中传开。吴广又趁夜深人静之时，在旷野荒庙中学狐狸叫，士兵们还隐隐约约地听到空中有"大楚兴，陈胜王"的口号。他们以为陈胜不是一般的人，肯定是"天意"让他来领导大家的。陈胜、吴广见时机已到，率领戍卒杀死朝廷派来的将尉，登高一呼，揭竿而起。

借尸，自然是为了还魂，所以这"尸"也就一定要选得好、选得巧妙，要真的有起死回生的作用。

在现实生活中，有许多看似很有用的东西，实际上并不能带来多少价值；而一些看上去死气沉沉的、过时的、无用的东西，我们反而可以借助它们的力量达到目的。要懂得在困境中保持清醒的头脑，找到最合适的借力，抓住一切机会壮大自己，化不利为有利，直到反败为胜。

电话号码本来是没有生命的东西，但是只要用得巧妙，就仿佛赋予它生命一样。三菱电梯公司就曾在上海《文汇报》上打过一个这样的广告：三菱公司的电话号码最好记，已经改为"303030"。

这个广告的确高明，因为电话号码和三菱公司的名字发音相同。只要记住其中一个，就会随之记住另一个，并且既简单又好记，还给人很新奇的感觉。

借是一门艺术，借鸡可以生蛋，借风才好腾云，借梯更易登天……懂得向他人借力，才能用最省力的方式取得成功。

自然界借助外在力量的例子比比皆是。在丛林中，很多藤萝植物是靠依附在参天大树上得以享受阳光的；海鸥喜欢尾随军舰，因为后者排的水可以使海里的小生物浮上水面，成为它们的食物；鲨鱼的身边总是游弋着几条灵巧的小鱼，它们靠捡拾鲨鱼猎食的残余为生……在看不见刀光剑影、硝烟烽火的心战中，谁善于借力使力，谁就能纵横捭阖，平步青云。

借尸还魂的精髓所在，就是不走寻常路，独辟蹊径。当对手纷纷抛弃老模式、旧思维和老技术，大力创新时，我们不妨反其道而行，重新揣摩旧的思维、模式和技术，通过另辟蹊径以反常方式来取得成功。

不按常理出牌，当对手们蜂拥向独木桥时，你却乘着小舟；当对手们你追我赶，向所谓的最新潮流追逐的时候，你却反方向而行……你的"唯一"往往是你战胜敌手的"利器"，因为你抓住了不同的机会。

苦肉计：假戏真做，以假乱真

智谋原典

人不自害，受害必真；假真真假，间以得行。

——《三十六计》

译文

一般来说，人们都不会自己伤害自己，如果受到伤害，必然是真的。利用这种常理，我们就可以以假乱真，在真假虚实之间，离间计也就可以实行了。

"舍不得孩子套不着狼。"现实生活中，没有人愿意自己伤害自己。如果谁甘愿残害自己，损失自己的利益，那就很有可能是苦肉计。

南宋时，金兵将领金兀术与岳飞在朱仙镇决战。

金兀术的义子陆文龙，本是宋朝节度使的儿子，但他不知道自己的身世。他英勇善战，是岳家军的劲敌。

一天，岳飞的部将王佐自己斩断右臂，向岳飞献上苦肉计。他决定亲自闯金营，策反陆文龙。

王佐连夜奔赴金营，对金兀术说："我昨夜在帐中议事时，向岳飞进言'金兵人数众多，作战勇猛，不如与他们议和。'岳飞听了大怒，命人斩断小臣右臂，并令我前来通报，说岳家军不久即来踏平金营。"

金兀术同情他，将他留在营中。王佐利用机会接近陆文龙，向他讲述了他的身世。陆文龙知道后痛心不已，决心为父母报仇，诛杀金兵。

一天夜里,金兀术运来一批大炮,打算夜里袭击宋军。陆文龙用箭传书报信给岳家军,使岳飞提早准备,免受损失。

不久后,陆文龙便随王佐一同逃回宋军大营,立下了赫赫战功。

王佐和岳飞的这招苦肉计,和"周瑜打黄盖"一样,都是通过残害自己的身体,博得敌人的同情,获得接近敌人的机会,从而方便在暗中进行有利于自己的行动。

在战争中,作战双方都想得到对方降将的帮助,然而要想成功打入内部,让对方相信投降是真的,这就需要把苦肉计尽量演得逼真一些,否则很难取得对方的信任。一旦让对方识破了这个计谋,不仅白白伤害了自己,还达不到预期目的,可谓损失惨重。

在当今经济竞争中,企业为了提升产品知名度,或者引起消费者的注意和购买欲,有时也会采用"苦肉计"。将自己的产品"折磨"一番,为树立良好形象埋下伏笔,最后获得消费者的信任与青睐。

有一家制表公司在刚刚诞生时,没有多少知名度,经营者为了尽快打开销路,便采取了独特的宣传招数。

于是,公司发布了一则消息:某天某时,将有飞机向地面撒下手表,谁捡到归谁。

人们非常好奇,便在怀疑中等待那个时刻的到来。

时间到了,果然有一架飞机飞过上空,向下抛撒一批手表。人们纷纷争着去捡,发现这些手表居然毫无损伤,于是便拿回去用。

过了一段时间,捡到手表的人发现,这些从百米高空掉下来的手表居然走动正常,质量极其过硬。

于是,一传十,十传百,这个品牌很快传遍了千家万户,人们纷纷前去购买。最终,这家公司坐上了钟表业霸主的宝座。

这家公司通过"高空摔表"这一令人咋舌的表演,成功获得了消费者的信赖,取得了比一般广告宣传都要好的效果。对企业来说，在消费者心中占有一定地位至关重要。这家制表公司敢于使用苦肉计，也是因为对自己的产品颇有信心，因而能够获得好口碑，让公司声名大振。假如手表质量不过硬，一摔就坏，那就只会换来人们的哄然大笑。

为了博得顾客的信任，使其对自己的产品产生兴趣，采用破坏性的试验，打消顾客的疑惑和顾虑，就能为自己的产品打开销路。当然，要用苦肉计，就必须充分准备，一招制胜，否则就会一败涂地。

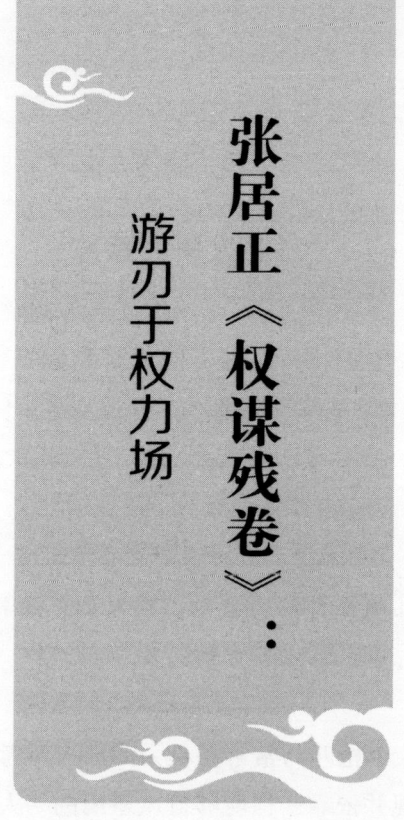

张居正《权谋残卷》：游刃于权力场

一部残卷，见证一代名相的辉煌；十年砥砺，铸就千年权谋的传奇。明代政治家张居正，博览经史，几近以一己之力助推明代的中兴，成为历史学者瞩目的"中国经济第一人"。《权谋残卷》汇聚了张居正毕生的智慧，展现了他深谋远虑的策略思维。正所谓"无谋是大谋"，《权谋残卷》诠释了谋略的三重境界，道尽了权谋艺术的精髓。

背靠大树好乘凉

智谋原典

假神鬼以立威,而人莫辨真伪。伪称天命,其徒必广。

——《权谋残卷·权奇》

译文

借助鬼神来确立自己的威信,则人们无法判定其真假;如果假称是遵天命行事,跟随者自然就多。

人生多艰,单枪匹马常常势单力薄,应对考验就会有心无力。因此,善于发现并依靠一棵能够遮风避雨的"大树",找到稳固的靠山,进可攻,退可守,实现目标也就容易得多了。

当然,要找到一棵可以依靠的大树,并非轻易就能做到,这需要过程。因为虽然你看上了某个靠山,但对方却不一定愿意提拔你、照顾你。你必须在与对方的往来互动中,让他了解你的能力、性格和忠诚,总之要让他能够喜欢和欣赏你,最好是能信赖你。这可能需要半年、一年,甚至更长的时间。你不仅要有耐心,还要在难熬的等待岁月中,随时应对"大树"对你的考验。

老徐创业多年,然而命运似乎总是在跟他开玩笑,辛苦奔波却收获甚微。一次,他所在的城市要进行基础设施建设改造,他感到这是个机会,可是同一个城市里符合要求的公司多达十几家,怎样才能获得这个机会呢?他绞尽脑汁,针对专门管理此工程的负责人,想出了一个点子。

该负责人有个习惯,每逢周末都要到郊区的鱼塘钓鱼。于是老徐探明地点,也带上渔具,跑到鱼塘。他先在旁边看着负责人垂钓，每当负责人钓上鱼的时候，老徐都表现得很羡慕。负责人自然就觉得很得意，看见老徐带着渔具却没钓鱼，便好奇地询问。老徐装作不会钓鱼，借机请教。负责人一下子觉得遇到了知音，便告诉老徐一些钓鱼的窍门。两人越聊越投机，不知不觉就谈到了各自的职业。老徐一副很委屈的样子，说自己的行业竞争很激烈，向负责人大吐苦水。等到负责人表露身份的时候，老徐也就顺理成章地提出了要求。

老徐的公司自然拿到了这个工程，从此老徐的事业上了一个新台阶，人生也进入了一个新阶段。

寻求大人物做靠山，依靠其权势或影响力，使自己尽快被提拔，英雄方能有用武之地。即使在万不得已退却的时候，也能有靠山作为依靠。

如果你本身天资过人，勤奋有加，不必依靠他人，靠自己的努力就能获得成功，当然是最好了。倘若你自认本领不强，又想减少挫折，那不妨找棵大树来作为支撑。历史上就有很多人为了实现自己的抱负，不得不依附权臣，即便因此要损害声誉也在所不惜。

胡宗宪在严嵩权势熏天的时候，不失时机地依附他，成为"严党"的一员。他向严嵩送礼行贿，在政事上也一味附和，为时人所不齿。但是他依附在严嵩羽翼下，得到了严嵩的保护，专心致志地推行自己的抗倭设想，任用戚继光、俞大猷等一批抗倭名将，将危害中国沿海十几年的深重倭患平定下去，不能不说，他找一棵大树"乘凉"，确实是一种明智之举。

虽然人们都说趋炎附势是可耻的，然而历史和现实都向人们昭示，许多时候这又是必需的。尤其是在有抱负者势单力薄、孤掌难鸣的时候，找个靠山未尝不是明智务实的选择。有了"大树"作为依傍，不仅根基稳固，办事时别人也会"不看僧面看佛面"。其中的关键则在于你要能慧眼识珠，善于发现生活中那些根深叶茂的大树。

在选定靠山之前,要考虑一个问题:什么样的人才是你的靠山?以下几个方面可供参考:

1. 有家世背景的人

显赫的家世自然让你受益匪浅,但是你同时要明白家世背景不一定保证他一辈子风光,如果他品行不正、能力不行,那么跟这种人相处也不长久。

2. 功成名就之人

找这种人当"大树",除非你有特别的表现,或者你的某些长处正好被他看中,否则你再怎么"跟",他还是看不见你。

3. 有能力、有潜力之人

这种人可能是最好跟随之人,他们是一种"潜力股",一时看不出效益,但如果长期跟随下去必有收获。但有能力、有潜力的人也不一定最终飞黄腾达,人的机遇是很难说的,所以你要无怨无悔地跟随他们。

虽说工作生活中的确需要一个稳妥强大的"靠山",但命运毕竟掌握在自己手中,求人不如求己,最大的"靠山"其实就是你自己。如果能让自己成为坚不可摧的"靠山",促进实力的提升、人格的升华、尊严的保值,你也会活得更加坦然、自信。

居安思危,多为自己找几条退路

智谋原典

考祸福之原,察盛衰之始,防事之未萌,避难于无形,此为上智。

——《权谋残卷·避祸》

译文

思考祸福的本源,明察盛衰的始末,在事情萌芽前就开始准备对策,在危难还没有到来的时候就避开它,这是最大的智慧。

狼卧在草上很辛苦地磨牙，狐狸很奇怪地问："现在森林中没有任何危险，你何必那么费劲地磨牙呢？"

野狼停下来回答："如果有一天我被猎人或老虎追，那时我想磨牙也来不及了。而平时我就把牙磨好，到那时就可以保护自己了。"

未雨绸缪，居安思危，在危险突然降临时，才不至于手忙脚乱。《战国策·冯谖客孟尝君》中讲述了一个"狡兔三窟"的故事，所谓狡兔三窟，就是兔子为保护自己的安全，多寻几个安身之处。在现实意义上，它体现了居安思危、有备无患、在竞争中寻找机遇的进取智慧。

孟尝君食客三千，美名播于天下，冯谖是其门下一个普通的食客。

一次，冯谖到孟尝君的封地薛城收债。

他临行时问孟尝君："收完债买些什么回来呢？"

孟尝君很随意地说："你看我家缺少什么就买什么吧！"

到了薛城，冯谖不但没有催逼百姓还债，还以孟尝君的名义把带来的债券全烧了。老百姓无不对孟尝君感恩戴德。

冯谖空手而归，他回复孟尝君为其买了"义"。孟尝君虽很不满，但碍于面子也不好说什么。其后，孟尝君被谗免官，只好回到封地薛城。薛城百姓扶老携幼来迎，孟尝君这才领悟到冯谖的深谋远虑。

冯谖又对孟尝君说："狡兔有三窟，主公您才有这一窟，还不能高枕无忧，我得再为您准备两个窟。"

冯谖去魏国游说，说齐国之所以能称雄于天下，都是孟尝君辅佐之功，现在孟尝君因谗言遭放逐，谁先得到他，谁就能国富兵强、称霸天下。当时孟尝君在列国中威望很高，梁惠王立即空出相位，遣使者带千金、车百乘，前往聘请孟尝君为相。

魏国使者跑了三趟，孟尝君依冯谖之谋坚决推辞。齐王听说了这件事，害怕孟尝君为他国所用，又急忙卑辞厚礼请回孟尝君。

冯谖又给他出主意说，得让齐闵王以先王传下来的祭器在薛城建立宗庙，这样可以使孟尝君的政治地位更加巩固。宗庙修成后，冯谖对孟尝君说三个窟都建好了，你可以高枕无忧了。本来落魄的孟尝君，因冯谖之谋在政治上的地位更稳固了。

冯谖通过焚券市义，为孟尝君争取了民心；为提升孟尝君的地位，说服魏国礼聘孟尝君，迫使齐王恢复孟尝君的相位；在薛城建立宗庙，进一步巩固孟尝君的政治地位。冯谖运用自己的远见卓识和政治谋略，为孟尝君构筑了"三窟"，手段可谓高明。他的这种深谋远虑，虽然是出于政治斗争的需要，但根本原因还在于"兔子"——孟尝君，相对于齐王而言，孟尝君本身是弱势的，面对种种可能的危险，留好退路才是其生存之道。

在面对现实中的困境或者危机时，可以通过充分发挥主观能动性，根据自身能力为解决问题创造条件，使事情向自己期望的方向发展。

在具体策划某一件事时，不仅要考虑如何完成，而且要考虑万一失败后如何面对，有什么退路，成本怎样，这才是"狡兔三窟"的本意所在。

现在的成功不代表以后一定稳如泰山。如果成功，就提前预防将来失败的情形，并做好预案，就能避免失败的打击，还能因为前瞻性的预备投入，使你比他人更能适应环境的变化，从而得到比现在更多、更大的好处。

把绊脚石变成垫脚石

智谋原典

智无常法，因时因势而已。即以其智，还伐其智；即以其谋，还制其谋。

——《权谋残卷·谬数》

译文

> 智谋没有不变的法则，应该根据时机趋势而随时变动。用对方的智慧讨伐对方，用对方的计谋反制对方。

在竞争中，难免会遇到别人的陷阱和诡计，想要避开陷阱并且反制对手，就势取利的顺势法很重要，而将计就计更是其中常用而且有效的方式之一。

抓住机会，用对方法，能让原本的危机和陷阱变成有利条件，为自己创造更多的机会。借力打力、将计就计，就是利用对方的计策和资源反过来达到自己目的的一种方法。聪明的人，会根据情势的不同，借助他人力量，完成自己要办的事。

中国的驿站制度实施于秦朝，到了明朝，全国共有驿站1936个，整个驿站网络全长14多万里。除了递送公文和转运粮食物资，驿站还有一个主要职能，就是接待来往官员，为他们提供免费的车马夫役。到了万历年间，驿站成了官员贪污腐败、压榨百姓财力、耗费国家财政的重要途径。

张居正担任首辅之后，面对空虚的国库，决定通过考成法的实施对驿站系统进行节流精简。万历三年（1575），他下令"凡官员人等，非奉公差，不许借行勘合"，"虽系公差人等，若轿杠夫马过溢本数者，不问是何衙门，俱不许应付"。也就是说，只有因公外出的官员才能拿到驿站的使用证明，而且对于驿站接待的随行人数还有限制，超出者一律不允许接待。

当然，流行了近200年的公款旅游官场潜规则，毕竟没有那么容易改变，张居正需要一个用来杀鸡儆猴的靶子，正好就有一只鸡跳了出来，这就是孔子的第六十四代孙，当代"衍圣公"孔尚贤。

出于对孔子的尊敬，衍圣公每年都可以到京城朝见皇帝一次，并且可以使用驿站，由政府来负责全部路费。借这个机会，孔尚

贤每年都要带100多人，运几十车货物到京城贩卖，由于运费全部由驿站负责，因此每次朝觐都利润丰厚，而沿途驿站则不堪重负，据说"圣公所过，百姓如被虏贼"。

考成法实施后不久，又到了衍圣公进京朝觐的日子，孔尚贤仗着衍圣公的名头，没把考成法的规定放在眼里，又组织庞大的商队出发了。没想到正撞到了张居正的枪口上，他不仅拟旨公开批评，而且下令驿站官员只能接待衍圣公一人，他商队的其他任何人都不许接待。除此之外，他还下令今后衍圣公朝贺由每年一次改为三年一次。

事情传开之后，大家看到连皇帝都要给他三分情面的衍圣公在考成法上栽了大跟头，于是都收敛自己的行为，不敢顶风作案了。经过整顿，每年驿站的耗费大大减少，据统计，从万历四年（1576）至万历十年（1582）四月，全国共减免站银89.56万余两，折米200万石，仅京畿一带驿站开支就省去80%，为国家财政节省了大笔开支。

孔尚贤原本以为自己身为"衍圣公"可以不受考成法限制，甚至可以通过自己对驿站的"照常"使用，来打击考成法的势头，但是张居正反过来巧妙地利用了孔尚贤"衍圣公"的声望，通过制裁他违反考成法的行为，为考成法的实施树立了威信，整肃了人心，达到了"敌之耳目，为我喉舌；借彼之口，扬我之威"的效果。

现代社会竞争激烈，对手之间难免会使用一些计谋来攻击对方，面对这种攻击，"即以其智，还伐其智；即以其谋，还制其谋"的方法就十分重要，因为如果主动出击，很可能会给其他人留下工于心计的不良印象，而将计就计地反制对手，往往能够达到打击对手的更好效果，而且对于自己的名声也没有损失。

无论是职场竞争还是商场竞争，将计就计、以其人之道还治其人之身都是低成本地打击对手、增强自身实力的有效方法，想要克敌制胜的话，就一定要掌握这种谋略。

画饼吊胃口，勾起他非做不可的欲望

智谋原典

察人性，顺人情，然后可趁，其必有谐。

——《权谋残卷·筹谋》

译文

仔细体察他人的性情，顺应着他的欲望，然后就可以利用这一点为自己筹谋，事情就会自然而然地办成。

让人心甘情愿地接受你的要求，最好的办法是把这个"理由"描绘得与他的切身利益密切相关，会给他带来一个非常美好的前景，或者不采取措施会产生非常可怕的后果，他自然会很痛快地为你办事。这就是"画饼吊胃口"这一策略的内涵。

一年夏天，曹操率部伐张绣，天气热得出奇，骄阳似火，让人透不过气来。到了中午时分，士兵的衣服都湿透了，行军速度也慢了下来。

曹操看行军速度越来越慢，担心贻误战机，心里很是着急。可是，眼下几万人马连水都喝不上，又怎么能加快速度呢？他立刻叫来向导，悄悄问他："这附近可有水源？"向导摇摇头说："泉水在山谷的那一边，要绕道过去，还有很远的路程。"曹操想了一下说："不行，时间来不及。"他看了看前边的树林，沉思了一会儿，对向导说："你什么也别说，我来想办法。"他快速赶到队伍前面，用马鞭指着前方说："士兵们，我知道前面有一大片梅林，那里的梅子又大又好吃，我们快点赶路，绕过这个山丘就到梅林了！"士兵们一听，仿佛已经吃到梅子，精神大振，步伐不由得

加快了许多。

望梅并不能止渴,但是"止渴"却是当时的士兵所需要的,"望梅"激发的是士兵心中的求生欲望。曹操正是利用梅子止渴的作用,激发士兵的求生欲望,达到急行军的目的。同时我们也看到,兴趣、利益诱惑法在具体运用时也要用点小窍门。

比如,你可以利用那些新颖的东西,引起他人的好奇心,使他人情不自禁、穷追不舍地要弄个明白,这时人们就会对你产生强烈的兴趣,不由自主地跟你"黏"在一起,再进一步,就可能被你牵着鼻子走了。当然,除了拿出新颖的东西之外,还得掺和着一些对方熟悉的成分,因为我们的目的是抓住对方的注意力。

一位推销员推销炊具。他敲开一扇门,开门的太太说:"我的先生和隔壁的陈先生正在后院,不过,我和陈太太都愿意看看你的炊具。"

推销员说:"请你们的丈夫也到屋子里来吧!我保证,他们也会喜欢我对产品的介绍的。"

推销员做了一次极其认真的烹调表演。他用推销的那套炊具煮苹果,然后又用那位太太家的炊具煮。明显的对比给两对夫妇留下了深刻的印象,太太们都两眼放光,但是先生们却故作矜持,装出一副毫无兴趣的样子,以便伺机压价。

推销员看出两位主妇有买的意思,但他并未趁热打铁,鼓动她们买,而是决定先吊一下对方的胃口。于是他洗净炊具,包装起来,放回到样品盒里,然后对他们说:"嗯,多谢你们让我做了这次表演。我实在希望能够在今天向你们提供炊具,但我今天只带了样品,你们将来再买吧。"推销员故意起身准备离去。这时,本来装作不感兴趣的两位先生,都对推销员的这一举动感到意外,立刻都站了起来,他们想要知道什么时候能买得到。

一位先生说:"请问,现在能向你购买吗?我现在确实有点喜欢那套炊具了。"

推销员真诚地说:"两位先生,实在抱歉,我今天确实只带了样品,而且什么时候发货,我也无法知道确切的日期。不过请你们放心,等能发货时,我一定把你们的要求放在心上。"

那位先生坚持说:"也许你会把我们忘了,谁知道呢?"

推销员感到时机已到,就自然而然地提到了订货事宜。于是,推销员说:"噢,也许……为保险起见,你们最好还是付定金买一套吧,一旦公司能发货就给你们送来。这可能要等待一个月,甚至可能要两个月。"结果两家都争先恐后地付了定金。

人对于未知的事情很感兴趣,只要让人感觉到饿,他们的欲望便会被勾起来,争先恐后地到处找吃的。这种吊胃口的技巧,关键在于不让对方感到满足,使其欲罢不能。切记下钩要慢,收钩要缓,鱼饵更不能让鱼儿吃够吞饱。

挠心窝子,消除对方心理防线

智谋原典

攻心者,晓之以理,动之以情,示之以义,服之以威。

——《权谋残卷·攻心》

译文

想要攻取人心,最好的办法就是运用情感的力量打动他,再告诉他道理,还可以用道义和威信来慑服他。

隔靴搔痒不起作用,只有挠到对方心窝子,才能使他通体舒坦。

有个成语叫"投其所好",用在这里非常合适。只有投其所好,消除他在心理上的防线,才能令他从内心接受你,为两人的关系打下真挚而坚实的基础。这里必须说明一点,我们在这里讲"投其所好",并非要虚伪地谄媚、讨好别人,骗取别人的信任。

相反，交往中本来就需要真诚与理解。这里所讲的投其所好，就是付出自己的真诚，去理解、包容对方，双方在心灵层面上进行交流与沟通，最终互相了解并惺惺相惜。只有用真诚的心灵建立的关系，才能长远。

李强与王刚在一起工作了多年。李强在工作中表现平平，虽然工作了七八个年头，但仍是个小职员；而王刚则能力很强，成绩突出，如今已是销售部经理。两个人在工作中没有什么来往，私底下也仅仅是点头之交。

有一次，王刚因为涉及一个重大变故而受到董事长的冷落，从销售经理的位置上降了下来。祸不单行，他的母亲又因突发心脏病而去世。双重打击使王刚感到格外悲凉。

这时候，李强很同情王刚的境遇，在他母亲下葬的那一天，主动过来帮忙，担任受礼的工作。当时正是寒冬腊月，北风大作，其他同事都躲进了屋里，只有李强一直在外面帮助王刚处理各种事情。

这让王刚很意外，也很感动。从此，王刚一改以往的态度，常主动帮助李强。

一年以后，王刚在公司东山再起，因为做了突出贡献，他重新当上了销售经理，不久又升任总经理。他忘不了李强在他患难时的帮助，就提拔李强为销售经理。

通过真挚的情感付出，在心灵上打动对方，建立起相互的依靠感，最终就能风雨同舟、祸福与共。所以王刚升职，李强也跟着升职。

当然，除了通过情感消除对方在心理上的界限，还必须晓之以理，并通过其中的利害关系，让对方真心实意地接受这个道理，最终听从你的意见，改变看法，达成双赢。

触龙说赵太后的例子很好地说明了这一点。

秦国围攻赵国，占领了三座城池，情势危急，赵国向齐国求救。齐国提出条件，要以赵国的长安君作为人质，才肯发兵。长安君是赵太后溺爱的小儿子，怎么可能让他去做人质呢？她发出话来，谁要是想劝她，她就要向谁吐唾沫。朝野上下都认为，为了国家安危，应该让长安君去当人质，但慑于赵太后的权势，都不敢开口。

触龙是老臣，为了国家安危，去见太后。但见了面，他却不直接开口，而是问太后近来身体如何，吃得怎样，接着话锋一转，竟然为自己的儿子求差事。太后问他为什么，他说自己老了，因为太爱这个儿子，所以要为他谋份差事，等自己死了，他也好立足。接着又说，派长安君去做人质，为赵国做点贡献，能够巩固他在赵国的地位，为他以后的发展奠定基础。赵太后这才欣然接受。

关心她，跟她套近乎，融化她的心理防线，并且告诉她，我也是这样做的，人同此理，这样做是为了你好。只有让她明白，你完全是站在她的立场上，为她着想的，才能最终获得她的心理认同，所谋划的事情也就能顺利开展，最终对大家都有好处。

和人交往首在交心。通过感情、道理、利害关系俘获对方的认可，将彼此置身于同一战线，才能和衷共济，利用双方的合力，将双方共同的利益最大化，而这一切一定从交心开始。

走一步想三步，才不会被将死

智谋原典

见宜远而识宜大，谋宜深而胆宜壮。

——《权谋残卷·度势》

译文

见识应该长远，智慧应该博大，谋略应该深远，胆量应该雄壮。

　　做生意如同下棋，平庸之辈往往只能看到眼前一两步，而高明的棋手则能看到五六步甚至更多。

　　对精明的商人来说，所有的决策都是围绕着利润进行的，他们所走的每一步都有着特定的目的。因此，他们往往能处处留心，比别人看得更远、更准，这样做出的决策才可能切合市场需要，决胜千里。

　　若想成为一个成功的投资理财者，就不要轻易做出决策，犹如医生在没有十分把握的情况下绝不会拿起手术刀一样。做决策是管理活动中最重要的一步，稍有失误，就会功亏一篑。具有长远的眼光，善于把握风云变幻的市场，决策便有了最有力的依据。"高瞻远瞩"并非可望而不可即，只要你多留心、多调查，有意识地去训练自己，眼界便会开阔起来，你便有了运筹帷幄的能力，下一个独具慧眼的经商奇才也许就是你。

　　小王创业初期的全部家当，只有一台分期付款"赊"来的爆玉米花机。后来他决定从事地皮生意，当时干这一行的人很少，很少有人买地皮，地皮价格因此一直很低。

　　听说小王要干这不赚钱的买卖，很多朋友都来劝阻，甚至连一向很少过问生意的母亲和妻子都出面干涉。但小王坚持己见，他认为虽然现在经济衰退，但受到政策和环境的影响，经济必定会很快复苏，地皮的价格一定会不断上涨。小王用自己的全部资金再加一部分贷款，买下了市郊一块无人问津的地皮。

　　不出其所料，几年后，城市人口剧增，市区迅速扩展，公路一直修到了那块地的边上。人们发现这里风景迷人，是消夏避暑的好地方，许多商人争相出高价购买，但小王却不急于出手。

　　这便是成功经营者高明的地方，他何尝不知道这块地皮的身价，不过他看得更远：此地风景宜人，必将招来越来越多的游客，如果自己在此开个旅店，岂不比卖地皮更赚钱？于是小王毅然决定自己筹措资金开旅店。由于地理位置好，旅店舒适方便，开业后生意兴隆，他也因此获得了巨额财富。

在商品经济时代，谁先人一步，谁获得的实惠就可以先人百步、千步。对形势的发展有一定的预见性，才能在商业投资活动中占尽先机，而跟着潮流走的人虽然不会错，所担的风险小得多，但所得的回报也会少很多。

成功的商人，总是能看到"很远的地方"，能辨别什么是陷阱，什么是机会，能在他人不屑的地方找到"金子"，在别人不经意间创造奇迹。因此，不要抱怨市场已饱和，其实总有些需求尚未被满足，等着你去发现。生活也一样，在我们身边，其实从不缺乏美，只是你没有发现罢了。

人是看多远走多远，而不是走多远看多远。

隐藏自身立场，使冲突消弭于无形

智谋原典

祸之于人，避之而不及。惟智者可以识其兆，以其昭昭，而示人昏昏，然后可以全身。

——《权谋残卷·避祸》

译文

祸事对于一般人来说是难以回避的。只有智者能够在祸事到来之前就发现征兆，心里虽然很清楚，却表现得像一无所知，这样就能保全自己免受灾祸。

生活中难免会遇到种种矛盾和冲突，如果等到这些矛盾和冲突发生之后再去应对，往往会让人陷入困境。最好的办法是在这些冲突爆发之前先把自己的立场隐藏起来，以一种看似妥协的姿态去面对矛盾，就能让很多矛盾冲突在无形之中被消除。

隐藏自身立场是一种隐藏智慧的智慧。如果把处理矛盾冲突

看成博弈的过程,那么,隐藏自身立场就意味着在博弈中掌握对方信息的同时隐藏我方信息。

具体来说,首先要能够及时觉察冲突,知道在何种情况下会导致冲突,与此同时,也要知道自己可能处于何种不利的境况;其次,在觉察到冲突的前提下,隐忍不发,先观察对方,了解对方的优势所在;最后,表现出完全不了解对方的样子,让对方自以为拥有完全的主动权,从而放松警惕,甚至转变对立的态度。

三国时期,魏明帝去世后,年幼的曹芳继位,魏国政权主要由大将军曹爽和太尉司马懿执掌。司马懿足智多谋,也具有政治野心,令曹爽忌惮。于是,曹爽设法架空了司马懿的权力,想逐步铲除他。

司马懿很清楚曹爽的想法,他将计就计,上表朝廷,说自己年老病重,无力再处理政事。曹爽听到这个消息,并没有马上相信,而是派心腹李胜去司马懿府上刺探虚实。

当时,李胜刚接到委派,要前往荆州赴任。他告诉司马懿自己要去荆州,司马懿答道:"我年老重病,离死不远了。你到并州去任职,并州靠近胡地,你可千万要小心啊!恐怕我们没有机会再见了,我的儿子就拜托你照顾了。"

李胜纠正说:"我是去荆州,不是并州。"

司马懿假装糊涂:"哦,你刚从并州来啊!"

李胜只能大声又说了一次,司马懿似乎才听清楚了他的话。

李胜回去后,把司马懿的情况报告给曹爽。曹爽听后,完全相信司马懿已经病入膏肓,不足为惧,就放松了对司马懿的警惕。后来,司马懿找了个机会,一举消灭了曹爽的势力。

司马懿在被架空权力、处于劣势的时候,没有急于和强敌对抗,反而顺着对手的意愿,装作无力与之抗争的样子,消除了对方的戒心,暂时回避冲突,为自己争取到了反败为胜的喘息之机。但是,在某些情况下,矛盾冲突是不可避免的,比如谈判等场合,虽然共赢是理想的结果,但有时也必须分个胜负。在这种时候,适当地隐藏自己，先让对手表态，反而有可能后发制人，获得一些优势。

一位电气工程师对当时用的器材做了许多改进，并获得了专利。一天，公司里的两个董事请他到经理室去，想和他谈谈购买其发明专利的事情。他想："能卖到5万元当然很好，但这个要价未免太高。我正急需这笔钱来做进一步的实验，与其卖不掉，不如随便什么价钱都接受了吧。"

正当他想开口时，经理问道："先生，你的机器要卖多少钱？"

"你看值多少钱？请你开个价吧。"

"40万元，你觉得怎么样？" 40万元！他简直不敢相信自己的耳朵，激动得都要晕倒了！

这位工程师让别人先开口说话，看起来迟钝些，结果自己反而占了便宜。我们常常看见那些成功人士用这种方法在交易时取得优势，有时看起来可能将发言权让给了他人，实际上自己却占据了主动。

可见，有时要想达到预期目的，就应该先掩饰自己的意图，隐藏自己的观点。我们越装作毫不关心，对方就越会把我方的态度看作一种机会。相反，如果我们迫不及待地陈述，对方就容易看出我方的意图而有所戒备了。

总之，在面对难以应对的矛盾冲突时，与其寸步不让而导致两败俱伤，不如"糊涂"一些，大智若愚，隐藏自己的立场，让对方失去攻击的靶心，这样往往能够巧妙地化解矛盾，使冲突消弭于无形。

被冷遇不灰心，他烦我不烦

智谋原典

事有不可拒者，勿拒。拖之缓之，消其势也，而后徐图。

——《权谋残卷·权奇》

译文

对那些无法直接拒绝的事情，不要强行拒绝，而是采取拖延和缓和的策略，以削弱其势头，然后再慢慢图谋对策。

使敌人的优势变成劣势，不一定非要强攻，静守不攻的战略同样可以消耗敌人，壮大自己。

以逸待劳，关键在于避敌锋芒，积极防御，使敌人逐渐消耗、疲惫、由强而弱，我们就能后发制人，化被动为主动。

宋太宗时，17岁的渭州刺史曹玮率军与西夏兵作战，小获胜利，便吓得西夏将领引军撤退。曹玮得知西夏军撤去不远，便将缴获的牛马、辎重全部收集在一起，慢慢驱赶，缓缓返归。

西夏将领听到曹玮如此行为，便以为他是贪小利不会用兵之徒，便回军加速追赶过去。眼见西夏兵就要追上来，曹玮回过头来摆下阵势，派人对西夏将领说："你军远路赶来，一定十分疲劳，如果我们现在就交战，我方有乘人之危的嫌疑。不如你们休息一会儿，咱们再决战不迟。"

西夏兵从撤退到回头追赶，已经跑了上百里地，正疲惫不堪，听到这话十分高兴，便答应了。

才休息了一小会儿，曹纬又派人告诉西夏兵："想必你们已歇得差不多了，咱们开战吧！"于是便指挥宋军冲杀过来。那些强悍的西夏兵这次却变得不堪一击，刚交手便大败。

战争结束后，部将们请曹纬解释原因，曹纬说："走远路的人刚到目的地时，并不十分疲乏，反而在稍事休息、全身放松之后才更觉疲倦。西夏兵远道追来，心里憋着一股劲儿，这时与他们交手，还要费些气力才能战胜他们。若让他们歇一下，全身松弛下来，他们觉得更加疲惫了，就容易对付了。"

在战争中凭借有利地势，养精蓄锐，诱使敌军远道来袭、精疲力竭之后，转守为攻，这是以逸待劳之计在战争中最常见的运用模式。此计的关键是使敌人陷于困境，设法使之疲惫而削弱其实力，使我方因此由劣势转为优势。这种策略在一些大型的政治和商业谈判中也是很常见的。

市场变幻莫测，行业间摩擦此起彼伏，机会稍纵即逝，在这个每时每刻充满着竞争、风险的环境中，任何一个公司哪怕是稳坐"庄家"的"老大哥"都不可能一直独占鳌头。可能今天你还是一支"绩优股"，明天或许将会变成一支不折不扣的"坏股"。

既然我们不可能在竞争中永葆胜利，就要学会攻守兼备，适时转移或者退步，当时不利己时，退回来休养生息，不和对手硬碰硬，等待时机再反过来推翻对手。耐得住时间，耐得住诱惑和小恩小惠，保持良好的自我状态，才能达到自己的目的。

在商业谈判中，如果谈判对手咄咄逼人，毫不掩饰想使谈判顺着他们的思路进行。这时候，不要急于同对方进行实质性的谈判，打一打太极，可以先尽地主之谊，大搞宴会、舞会、游览等助兴节目，等到利好消息介入谈判或时间拖至最后临界时，对方必定焦躁起来。这时候，对手锐气全消，己方则逐渐掌握谈判主动权，便可乘机进攻。

以逸待劳，玩的就是慢性子，敌不动，我不动；敌动，我动。《周易》中说，一静总比一动好，因为如果你一着急，往往就会暴露自己的想法和目的。商场如战场，最重要的就是要沉得住气，否则很难取得大成就。

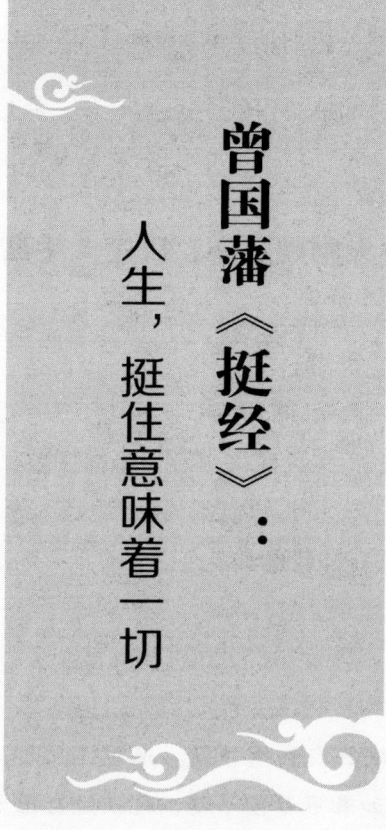

曾国藩《挺经》：人生，挺住意味着一切

《挺经》是曾国藩在宦海生涯中沉浮经验的精华凝结，涵盖了18条心法，是他从个人的得失胜负中提炼出的一套为人处世和为官从政的基本准则。可以说，曾国藩之所以能在世人的非议中屹立不倒，全赖这个"挺"字。他秉持着出世的心态去处理入世的事务，在困境中坚韧不拔，在艰苦奋斗中保持挺拔。即便面临万丈深渊，也能保持镇定自若，从容享受生活。

有无吃硬之心，决定人生高下

智谋原典

古语云自胜之谓强。曰强制，曰强恕，曰强为善，皆自胜之义也。如不惯早起，而强之未明即起；不惯庄敬，而强之坐尸立斋；不惯劳苦，而强之与士卒同甘苦，强之勤劳不倦，是即强也。不惯有恒，而强之贞恒，即毅也。

——《挺经·刚柔》

译文

古语说，能战胜自我叫作强。强制、强恕、强为善，都是战胜自我的意思。如果不习惯早起，就强迫自己天不亮就起床；不习惯端庄恭敬，就强迫自己参加祭祀斋戒；不习惯劳苦，就强迫自己和士兵同甘共苦。能强迫自己勤劳而不倦怠，这就是强。不习惯坚持，却能强迫自己持之以恒，就是毅。

人生的高下并非生而既定，更多在于后天练就。有无"吃硬"之心，往往决定你人生的高下。

如果你有"吃硬"之心，能够迎难而上，便会顺理成章地走向人生高峰；相反，如果专门拣容易的"软柿子"捏，也就只能居人之下。

曾国藩能够拥有一人之下万人之上的地位，和他的"吃硬"之心有着密不可分的关系。人要迈向成功，首先就是修身。曾国藩在京师做翰林的时候，对修身下过一些苦功夫。

曾国藩并不是一个从小就严于律己的人，他也有许多性格上的缺陷和弱点。但是他说，人的品性是可以改变的，既如水，导之向下，则无孔不入；又像禾苗，加之阳光风雨，就会健康成长。

"睡魔"可以说是曾国藩的一个劲敌，他知道自己有爱睡懒觉的坏习惯，还在上学的时候，就给自己立下课程，规定自己天亮起床，却总是不知不觉就睡到了日上三竿。

在京师任翰林时，他还是没能改掉这个毛病，他的父亲知道之后便写信批评他。曾国藩经过苦思冥想，终于想出了一个办法。他在窗前放一个铜盆，然后用一根线系住秤锤，悬挂在铜盆之上，同时将一根香绑在那根线上，与之成十字交叉状。每天睡觉之前将香点上，香烧到交叉点，线就会被烧断，这时秤锤就会掉落在铜盆里，发出铿锵的响声，曾国藩每天早上就会被这响声惊醒。一个月之后，他便养成了早起的习惯，无声自惊，无惊自醒，终于战胜了"睡魔"。他还从早起习惯中养出了勤和谦的品质，这些品质最终助他成就了一番事业，名垂青史。

再大的困难，只要你有心去战胜，自然能够想出解决的办法。正如那句话所说的：如果你真心想做一件事情，就能找到一百种方法；而如果你不是那么真心地想做这件事情，就会找到一百种借口。

人生前进的途中会遇到各种各样的困难，如果想要获得成功，关键就在于你敢不敢向困难宣战，有没有迎难而上的决心。

当代著名先锋话剧编剧廖一梅曾经写道："我的问题是，我知道自己笨，但是没有人相信我笨。我的笨不是脑袋不够好使，而是在竖着'容易'和'艰难'两个路牌的十字路口，我永远选择'艰难'的那一边。在从大到小数不胜数的选择中，我一而再、再而三地这么干，一路这样沿着'艰难'的路牌走了过来。"

这可以说是对于"吃硬"之心很好的宣言。20世纪90年代的中国，话剧几乎没有任何市场，没有一部话剧有票房。可是就在这个时候，廖一梅辞掉了优越的工作，开始创作话剧，她就是抱着以卵击石的心态，想要看看自己能不能创造奇迹。

廖一梅的第一部话剧《恋爱的犀牛》从写剧本到排练，整个

过程困难重重,可是廖一梅知道,没有什么可以阻止它的诞生。这部话剧最开始没有几个观众,演到四十多场的时候,座无虚席,而且观众从剧场一直排到了小胡同口。《恋爱的犀牛》不仅改变了人们对话剧的看法,更是改变了整个行业的状况。如今,话剧已经成了一个越来越受人关注的演出形式,以全新的活力蓬勃发展。

虽然廖一梅自称并不是要成功,只是想看到生命的奇迹,然而无论是从人生的奇迹还是从世俗的观念来看,她都不可阻挡地成功了。其中的奥秘就在于她有"吃硬"的精神,正是这种精神让她走向了人生的高峰。

人生都是自己选择的结果,你必须接受自己的选择。选择硬气地与人生死磕,也许你最终会收获辉煌;选择对所有的苦难退避三舍,也许你将庸碌一生。

请记住:人生的高下并不是生而既定的,而在于你的选择。

术,是一种人生智慧

智谋原典

魏叔子以孟子所言"仁术","术"字最有道理。爱而知其恶,恶而知其美,即"术"字之的解也。

——《挺经·勤敬》

译文

魏叔子认为孟子所说的"仁术"中,"术"字最有道理。喜爱一个人而知晓他的短处,厌恶一个人也可以看见他的长处,这是对"术"字最准确的解释。

偏见,常使我们误入歧途,然而这又是人之常情。每个人都习惯从自我出发,以我观物,难免会失之偏颇。所以,正如很多

人所希望和正在努力的：把自己从偏见之中抽离出来。如何才能做到？曾国藩借用魏叔子的话为我们作了解答——掌握"术"之道。

所谓"术"，就是全面看待事物的智慧。喜爱一个人，也要知晓他的短处；厌恶一个人，也要知道他的长处。我们从曾国藩对待左宗棠的态度中就能体会到他的智慧。

左宗棠是曾国藩的老乡，同为湖南人，两个人的性格却极其不同。左宗棠恃才傲物，自称"今亮"，为人处世锋芒毕露，曾国藩则浑厚包容。左宗棠屡试不第，仕途坎坷，而曾国藩却身居高位，官运亨通，所以左宗棠对曾国藩有嫉妒和轻视之心。曾国藩也非常清楚左宗棠性格上的缺陷，并不喜欢他，两个人经常一见面就会发生龃龉。然而，令人想不到的是，左宗棠后来大器晚成，能够和曾国藩平起平坐，曾国藩却有大力举荐之功。

左宗棠在骆秉章府中做幕僚时曾遭人暗算，为了保命，他只能逃离，投靠了驻军在宿松的曾国藩。曾国藩不计前嫌，非常热情地接待了落难的左宗棠。虽然曾国藩并不喜欢左宗棠的性格和为人处世的方式，但是也非常清楚左宗棠是独当一面的将帅之才，不久就向朝廷举荐他，左宗棠被授予四品卿衔，帮助曾国藩处理军务。左宗棠这时才算真正走上仕途，开始自己的事业。自此之后的三年之中，曾国藩对左宗棠一共有过四次保荐，让他从走投无路的士子一跃而为封疆大吏。

曾国藩能够成为晚清的一代名将，自然有其过人之处。李敖曾经解读曾国藩的"术"，说："爱而知其恶，恶而知其美者，天下鲜矣。"每个人都知道要努力克服自己的偏见，但是天底下能做到的人实在是少之又少。能做到的人，不仅需要有一定的远见和大局观，更需要有一种宽广的胸怀和包容的智慧。

现代文坛上的胡适和鲁迅也有过一段广为人知的公案。

鲁迅文风铿锵、性格激烈，有横眉冷对千夫指之势，常常"破口大骂"，胡适就曾经被鲁迅骂得体无完肤，并被其称为"焦

大"式的老奴。

鲁迅去世之后,"新月派"的女作家苏雪林就给胡适写信,攻击鲁迅。然而,胡适不仅没有跟着苏雪林一起攻击鲁迅,反而劝她多关注鲁迅的思想以及信仰,区分鲁迅思想中有价值和无价值的内容。同时,他在回信中有这样一段话:"凡论一人,总该持平。爱而知其恶,恶而知其美,方是持平。鲁迅自有他的长处。如他的早年文学作品,如他的小说史研究……皆是上等工作。"

不仅如此,胡适还鼎力相助鲁迅全集的出版,让更多人了解和学习鲁迅。事后,鲁迅的妻子许广平还致信胡适,说他"鼎力促成,功德无量"。

胡适可谓深谙曾国藩所说的"术"道,也正因为此,他才能获得无人可及的成就。正如著名的历史学家唐德刚所说,虽然胡适不懂现代史学,但是他在中国近代史上的特殊地位没有人能够撼动。

"术"不仅是一种宽容的人格修养,更是一种人生智慧。它能让你跳出"不识庐山真面目"的困境,打破偏颇之见,突破个人的喜恶,在更高、更深入的层次看见人生的全景,对所处的境地、所经历的事件、所交往的人有一个更加全面的了解。如此,你离成功也就更近一步。

争强好胜,不是与人斗恶斗狠

智谋原典

故吾辈在自修处求强则可,在胜人处求强则不可。福益外家,若专在胜人处求强,其能强到底与否尚未可知。即使终身强横安稳,亦君子所不屑道也。

——《挺经·明强》

译文

所以，我们在需要自我修养的地方，争强好胜是可以的；而在比别人强的地方，谋求更大的强盛就不好了。福气和利益都是身外之物，一个人如果专门在胜人处逞强，那么是否真能强到底，却不得而知。即使能终身强横乡里安稳度日，这也是有道德的君子们所不屑的。

《周易》开篇的乾坤两卦就告诉我们在人生中应该具有的态度：天行健，君子以自强不息；地势坤，君子以厚德载物。

君子在任何时候都要不断追求、进取、自强自胜，这是一个基本的人生态度；在为人处世方面要行善积德，以厚德载物，不与人争胜争强。将争强之心用于自修，而不与人斗恶斗狠，这是成功必备的修养。

传闻以一元钱起家的李嘉诚，早年生活中经历了很多磨难，但是这些磨难都没有压垮李嘉诚，反而促使他思考如何才能拼搏出一个灿烂的人生。14岁那年，李嘉诚失去了求学的机会，然而他并没有在困顿之后沉沦，反而给自己定下了一个近期目标——利用业余时间自学完成中学课程。

那时候，李嘉诚每天工作15个小时以上，回家之后还要就着油灯苦读到深夜。有时候读书入了神，经常忘了时间，以至于想到要睡觉的时候却已经到上班时间了。生活的艰辛让李嘉诚的意志逐渐坚强起来，尤其是在自学这方面，他更是有着坚强的毅力，咬紧牙关，坚持做到工作、学习两不误。最后，这些知识也成了改变他命运的力量。

即使是在事业有成之后，李嘉诚还一直坚持自修功课。每天工作再忙再累，临睡前都会阅读大量的经济类书籍，从中学习和吸收养分。在自学这方面，李嘉诚从来不允许自己有任何松懈。

然而，这个自强自立的人，在自修上不断进取、不断争强以

超越自己,却一直保持着平易近人的作风。对待身边的员工,李嘉诚绝不会以自己的强势欺压对方。对待自己生意上的伙伴,他也从来不会想方设法用自己的优势战胜对方,而是积极地谋求共赢,这帮助他在生意上取得了更大的成就,事业蒸蒸日上。他总是说:"要照顾到对方的利益,这样人家才愿意和你合作,并希望还有下一次合作。"

严以律己,宽以待人,与人为善,不恶意斗狠,这样的人自然容易赢得大家的认同。只要有追随的人在,自然就不愁没有生意做,这就是李嘉诚在做人做事和做生意上的大智慧。这同样也是古往今来许多能士共有的大智慧。

曾国藩并不是一个天生聪颖的人,他之所以能取得后来的巨大成就,都是由于自身修养而得来的。他给外界留下的"刚毅"形象绝非与人争强好胜、逞强斗狠得来的。出生于湖南的曾国藩,受程朱理学的影响非常大,因此对自己的修养要求非常严格,磨炼自己的性格,养成坚强的意志力。早年他就为自己定下了12项自修课程,并且每天坚持。

但是曾国藩也强调,在自修中求强可以,在胜人处求强则不可。逞强斗狠是嫉贤妒能、争强好胜的心理在作祟,这两者都不是君子应该有的品性。曾国藩在官场为官几十载,虽然刚正不阿,一直维持着刚毅的形象,但是他从来不与人交恶,不与他人争强。在攻打太平天国军队取得巨大胜利之后,他从不示强,反而将这些功劳全转于其他人身上。正是由于此,曾国藩才能受到将士们的拥戴,以一介书生的智慧撼动了强势的太平军,在朝廷中也占据着无人能及的地位。

物竞天择、适者生存是自然之道,很多人便由此认为在竞争中如果不欺压对方,就会成为敌人的盘中餐,实实在在是理解错了这个自然之象。虽然万物以相克相生、循环往复的方式形成了命运的链条,但在这个链条中,真正能改变命运的是自己的进取,而非与他人的争斗。因为进取可以改变相生相克的元素,引起连锁反应，改变自己在生物链中的位置。

如果只是战胜了比自己弱小的人，还会有更强的人处于食物链的上端。因此，明智的人懂得将争强好胜之心放在自修之处，不断增强竞争力，自然而然就能靠近食物链的顶端。

养成浑厚之态，助你走得更远

智谋原典

> 弟当以我为戒，一味浑厚，绝不发露。将来养得纯熟，身体也健旺，子孙也受用，无惯习机械变诈，恐愈久而愈薄耳。
>
> ——《挺经·坚忍》

译文

弟弟应当以我为戒，一味地宽厚包容，绝对不要锋芒太露。将来性情修养纯熟，身体也健壮旺盛，子孙也受用无穷，不要习惯于官场的机变伪诈，否则长此以往，德行就会越来越浅薄。

在一个社会普遍浮躁而又倡行"娱乐至死"的时代里，低调、内敛的浑厚之态便成了一种不可多得的智慧。然而，这却是中华民族几千年文化的精髓之一。

不少人往往了解了事物表面的浮光掠影，便自以为已经掌握真理，心中没有太多的见解却急于发表意见。这样浮躁和外露的性格在任何一个工作领域都是大忌，它不能向别人证明你的能力，反而会将你的缺点和肤浅暴露无遗。真正的高手总是深藏不露。

华为的总裁任正非就是一个深藏不露的高手。

在任正非的身上发生过很多小故事，都可以显示出他为人浑厚内敛的一面。在一次国际电信展上，身为华为总裁的任正非正在前台接待客户。这时候有一个上了年纪的男子走过来问道："总

裁任正非没有来？"任正非问："你找他有事？"那个人表示并没有什么事，只是想看看这位能够带领华为走到今天的传奇人物。任正非听了之后就说："实在不凑巧，他今天没有过来，但我一定会把你的意思转达给他。"

类似的小故事还有很多：有人去华为办事，交换了一圈名片，坐定之后才发现自己的手里居然有一张是任正非的，于是急忙环顾左右，可是他已经不见踪影了；还有人在出差去美国的飞机上，与一位睿智的老人天南地北地聊了一路，后来才被告知那个和他聊天的人正是任正非。

任正非一手创办了华为，并且带领华为走到今天，他自己也荣登全球富豪榜，可是他为人却如此低调，从来不在别人面前夸耀或者显露自己。即使是在华为成为国产通信设备四大巨头之首的强劲时期，他也没有成为明星企业家，更是对媒体采访避之唯恐不及。正是由于有了这样洞若观火的明智以及用晦而明的宽厚之态，他才能带领华为越走越远。

正所谓"鹰立如睡，虎行似病"。真正的智者和强者，不会让自己变成锋利的刀锋，以免处处伤人，而是藏巧于拙、才华不逞，以温文尔雅、浑厚温和的面貌出现，这才是一种高深的智慧，它会让你的人生走得更稳，让你的内心变得更厚重，容纳天地万物。

高明由于天分，精明在于学问

智谋原典

高明由于天分，精明由于学问。吾兄弟忝居大家，天分均不甚高明，专赖学问以求精明。好问若买显微之镜，好学若春上熟之米。总须心中极明，而后口中可断。

——《挺经·明强》

译文

人的高明，取决于天赋资质，而精明却全赖于后天的钻研学习。我们曾氏兄弟天赋资质都不算很高，如今却侥幸身居高位，全靠勤学好问来求得精明。好问如若购买显微镜，可深知极细微的方面；好学则如同捣舂了好几遍的米，可去粗取精。总之，必须心中了如指掌，而后才能够做出自己的决断。

与其高明，不如精明。

高明为天生，取决于天赋；精明却在于后天的学习，只要努力就能获得。

武则天是中国有史以来唯一一位女皇帝，她在身后立下一座无字丰碑，功过任由他人评说，这样的胸怀和气魄非常人所能及。然而她的称帝之路并不是一帆风顺的，其中遇到了很多坎坷，但是她都以自己过人的智慧和精准的洞察力安然渡过难关，并且越走越高。她是如何获得这些智慧的呢？答案就是好学。正是因为勤奋好学，她才有了过人的胆量和才学，以及到现在还为人叹服的治国之方。

武则天出生于一个官贵结合的家庭，在这样一个相对宽松的环境之下，武则天不用像其他官僚家的女儿一样，在闺房中学习家务，而是在母亲的影响下阅读。武则天的阅读范围非常广泛，涉及经史子集各个方面。除了读书之外，她还学习书画、音乐、舞蹈等，逐渐培养了多方面的才能。《旧唐书》中记载她因为"美容止"而被唐太宗召入宫，可见，当时武则天不仅貌美，而且有才学，举止优雅，端庄大方。

从14岁被召入宫之后的12年间，武则天受到了良好的教育。当时宫中有宫教馆，由教馆博士教女官算学、书法、音乐、职掌等各种学问。与武则天同在宫教馆中学习的其他女官都贪玩废学，更多地花心思讨好皇帝，然而武则天却非常认真地钻研学问，闲

暇之时还练就了一手好书法，擅长写飞白体，自成一格。同时，她还有很好的文学修养，能写文章和诗歌。

不仅能文，武则天还能武擅射，在学习骑马、射箭之时，她从来都不怕困难，总是勤于练习，身手非常敏捷。作为宫中才人的时候，她一直都是骑马佩剑，陪同唐太宗出行。称帝之后，她更加繁忙，依然会抽出时间读书习字，和大臣一起论道讲学以增长智慧，外出游览以开阔视野。由此可见，武则天能成为中国唯一的女皇帝并不是一件偶然的事情。

才识不是自然生就，能力也并非天生就有。正如曾国藩所说，高明有资历之分，但是精明却全靠后天的学习。

钱锺书是当代著名的学者，在小说、文学研究、翻译等各个方面都有很高的成就，他的《围城》是一部家喻户晓的文学经典，文中幽默的语言、睿智的观点以及对人生和社会深刻的洞察力都不是一般小说能比的。著名的评论家夏志清认为这是现代中国最伟大的小说之一。钱锺书的《管锥编》是一部不可多得的学术著作，书中极具创造力的学术观点更是给人耳目一新的感觉，一经出版便在国内外引起了强烈反响。

钱锺书能够取得这些成就，全赖他的勤奋好学。他1929年考入清华大学之后便名震清华，不仅因为他的数学只考了15分，更是因为他的国文、英文水平让同学们佩服得五体投地。他还精于哲学和心理学，而且立下宏愿，要横扫清华大学的图书馆，每天博览中外的新旧书籍。正是由于这些积淀，钱锺书才成为一代学者。

读史使人明智，读诗使人灵秀，数学使人周密，科学使人深刻。人生所学，都会影响并成为你的性格，想要成为一个精明的人，学习永远是最明智的选择。

建议可以听，决断自己下

智谋原典

进兵须由自己做主，不可因他人之言而受其牵制。非特进兵为然，即寻常出队开仗亦不可受人牵制。应战时，虽他营不愿而我营亦必接战；不应战时，虽他营催促，我亦且持重不进。若彼此皆牵率出队，视用兵为应酬之文，则不复能出奇制胜矣。

——《挺经·诡道》

译文

我们常说进兵必须由自己做主，不可以因为他人的言论而受到牵制。不仅进兵是这样，即便寻常出兵打仗也不能受人牵制。应该开战的时候，即使别的营垒不愿出战，我的营垒也必须接战开火；不应该作战的时候，即便别的营垒一再催促，我也要坚持不进兵。如果彼此都牵制关联，草率出兵，把用兵看作应答酬对的文章，那么就不再能出奇制胜了。

历史上，不少君王因为从谏如流而名垂史册。秦王嬴政颁布"逐客令"之后，李斯冒险上《谏逐客书》，有力地陈述了逐客的弊处，秦王因而收回成命，最终在这些客士的辅佐之下，完成了统一天下的伟业。唐太宗李世民更是虚怀若谷，重用有才之士，广纳良言，有了"贞观之治"，直到现在还为史学家们所赞颂。

然而，从谏如流绝非胸无主见、人云亦云。真正有素质、懂得领导艺术的领导者都是胸有大志、有胆有识的大家。他们不仅懂得听取意见，还不会被意见牵制，更能自己分析利弊，决定进退。

一个优秀的领导者,一个能够取得成功的人,一定是一个有主见的人。但是有主见并不意味着独断专行,而是要在虚心接受别人意见的基础上,仔细分析利弊,然后自己果断地下决定。

曾国藩之所以提出"进兵须由自己作主,不可因他人之言而受其牵制"的论断,是由于当时湘军中盛行一时的牵连出战、约期打仗的现象。相比于绿营军"胜不相让,败不相救"的恶习,湘军的做法可以两军相互照应,一旦战局紧张也可及时援救,如果联络得当可以更好地完成作战任务。

但是,在当时通信手段落后,甚至在军官中手表都没有普及,很容易因为时间地点不准确而造成意料之外的损失,甚至可能导致作战失败和士兵的无谓牺牲。

曾国藩分析这种作战方式的利弊,认为牵连出战不仅会助长请援方的依赖思想,而且不必要的求援也会打乱出援方的原有作战计划。一旦开战,如果援军没有按时出现,就会对战局造成很大危害;更加危险的是,如果敌人知道了约请出兵的暗号,就可能设下陷阱,伏击援军。

因此,曾国藩认为在战争中主见十分重要,应当作战时即便其他军队不愿同时出战,也要抓住机会不能轻易放过;不应当出战时,就算友军邀约,也不能轻易出战。作为将领,有责任根据形势判断进退时机,不能轻信别人的意见。正是由于曾国藩高明的见解、独断的气魄和胆量,湘军才能够创造一个又一个奇迹。

别人给的意见即使再精准也都是隔靴搔痒,你自己对这个世界的理解和对事情的看法才是真正重要的。一个人,只有在听取了别人的意见之后,还能进行深入的自我思考,做出自己的决定,才能获得与众不同的成功。

关键时刻要挺得住

智谋原典

担当大事,全在明强二字。《中庸》学、问、思、辨、行五者,其要归于愚必明,柔必强。凡事非气不举,非刚不济,即修身齐家,亦须以明强为本。"难禁风浪"四字譬还,甚好甚慰。古来豪杰皆以此四字为大忌。

——《挺经·明强》

译文

要担当大事,全在"明强"两个字上下功夫。《中庸》中的学、问、思、辨、行这五个方面,主要归结为糊涂的必须弄明白,柔弱的必须变得刚强。大凡天下的事,没有志气就不能成功,没有刚强的意志也无济于事。即使修身养家也必须以明强为根本。"难禁风浪"四个字说得很好,大慰我心,深合我意。自古豪杰之士都以这四个字为大忌。

机会从来都不慷慨,也不和善。它并不轻易降临,即便降临,带来的往往也不是益处,而是严厉的考验。想要成功,不仅要把握住机会,更重要的是,在机会降临的关键时刻,能够挺得住。

什么叫作顽强?什么叫作坚韧?这些都要到了关键时刻才能见分晓。就像曾国藩所说的,关键之时,多坚持一会儿,多挺一会儿,往往就能成功,"难禁风浪"是成功的大忌。

曾国藩刚刚踏上仕途的时候,整个官场暮气沉沉,曾国藩有意改变这样的境况,可是苦于没有机会。咸丰皇帝登基以后,下诏求言。其他官员只是逢场作戏,曾国藩却认为这是一个关键的

时刻，于是真心进言。

然而，曾国藩连上了好几个奏折都没有受到皇帝的重视，他心中很是愤懑，但是要趁机革除官场积习的决心并没有动摇。于是他又上奏折，这次所批评的对象直接指向了皇帝本人，奏折上非常详尽地列了皇帝的三条错误，言辞激烈。

这次的奏折不仅引起了皇帝的注意，更让皇帝勃然大怒。皇帝在看了奏折之后立即召集军机大臣，要严惩曾国藩。幸而很多大臣为曾国藩求情，皇帝也冷静下来重新读了一遍奏折，终于意识到了曾国藩的一片忠心，最后赞许他"敢言必能负重"。经过这一次风波，官场上逢场作戏的风气大为改观，曾国藩也受到重用。

机会是成功的一个重要因素，而在人的一生之中，有着重要转折意义的机会往往非常稀少，如果错过了，或者没有坚持住而放弃了，那么这个机会就会永远地流逝掉。因此，聪明人一定懂得在机会来临的时候坚持住，再困难也要咬紧牙关，只有这样，才能突破黑暗，领略到"柳暗花明又一村"的喜悦。

养精蓄锐，为前进做好准备

智谋原典

惟荀䓨之拔逼阳，气已竭而复振；陆抗之拔西陵，预料城之不能遽下，而蓄养锐气，先备外援，以待内之自毙。此善于用气者也。

——《挺经·久战》

译文

荀䓨逼打阳国之时，本来士气已经衰竭，但是后来又振作起来；陆抗攻打西陵的时候，料想到不能很快攻下这座城池，所以他养精蓄锐，保持士气，先准备好外援，就在城外守着，等待城内自动投降。这是善于运用士气的做法。

今天的生活，节奏太快，大多数人旦夕不敢懈怠，从早到晚像一张紧绷绷的满弓。所谓"弦满弓易断"，人也一样，不如张弛有度，在急速前进之后，让自己的脚步停一停。

然而，暂时停下脚步并不意味着不思进取，而是为前进做更好的准备。

众所周知，越王勾践卧薪尝胆十年，只为最后一搏。勾践在和吴王夫差的交战中大败，出于保存实力的考虑，向吴王夫差称臣乞和。作为一国之君，这是他的无奈之举。可是接下来该怎么办呢？是就这样俯首称臣，做一辈子的平民百姓，眼睁睁地看着大好河山被人强行占领，还是立即发兵，夺回国土，夺回一个国君的尊严？

勾践是明智的，他知道自己所存的实力已经不多，如果立即发兵的话无异于以卵击石，换来的只能是更加惨痛的失败和更多的伤亡。但是，亡国之耻不能不报！勾践选择将亡国之恨深深地藏在心底，养精蓄锐以获得更强的战斗力。君子报仇，十年不晚。

于是，勾践与百姓同住、与民同衣，体察民情以聚拢人心；同时用西施麻痹夫差，换取更多的时间，这都是为了什么？充分准备，为了成功而准备。最终，臣民思报君之仇，三千越甲吞下了整个吴国。十年准备换来了一朝成功。

勾践的确是一个深谋远虑者，他懂得在实力不够时保存实力，养精蓄锐，积累力量，而不是冒险。

养精蓄锐是常胜不败的法宝，古时候战场是这样，现代的商场也是如此。

某公司的总裁在退休之前，指定了一位年轻有为的下属接任自己的位置。这个年仅32岁的新总裁不仅学历高，而且办事能力强，在短短几年就晋升到总裁的位置，正准备放开手脚大干一场。总裁在卸任之前告诫他："我知道你很有能力，也很有想法，但是，我建议你在5年之内不要扩大产业，不要马上把你的想法付诸实践。你需要先完全掌握我们公司的管理，强化体制，巩

固根基。"

　　新任总裁反复考虑了前任总裁的忠告,明白了现在还不是大展拳脚的时候。于是,在此后的几年里,他耐住性子,潜心向各部门的负责人学习,弥补自己在公司管理方面的缺陷,致力于改善公司管理上的不足。同时,他继续扩大自己在业内的人脉网络,有意识地去接触其他行业的精英,了解其他行业的信息,为将来扩大产业做好准备。他按老总裁制定的方针养精蓄锐了8年,把公司治理得井井有条,也为进军新产业做好了准备,终于使公司逐渐发展为一个多元化产业的大型集团。

　　他在回忆起这段经历时说:"年轻的时候,谁不想在最短的时间里获得一个机会一飞冲天,实现自己的梦想呢?但是,梦想越大,需要的准备时间越长。雄鹰最终要搏击长空,必须先让自己羽翼丰满才行,否则,有可能飞不起来,有可能飞起来了,却飞不远,甚至可能飞到一半就坠入万丈深渊。产业多元化是条看似美好却风险巨大的道路。多亏了前任老总的提醒,我才不至于在这条路上迷失方向。"

　　由此可见,一味地追求速度并不是好事,更多的时候,我们应该学会在时机还未成熟的时候养精蓄锐,等待时机成熟之后,一鸣惊人。

赢得人生的持久战

智谋原典

　　久战之道,最忌"势穷力竭"四字。力则指将士精力言之,势则指大局大计及粮饷之接续。贼以坚忍死拒,我亦当以坚忍胜之。惟有休养士气,观衅而动,不必过求速效,徒伤精锐,迨瓜熟蒂落,自可应手奏功也。

——《挺经·久战》

译文

打持久战,最忌讳"势穷力竭"这四个字。力,是指将士的精力而言;势,是指战略大局、全盘作战计划以及粮食军饷的持续供应。敌人以坚忍的决心拼命抵抗,我也要以坚忍的精神战胜他们。这时只有修养士气,相机而动,不必急于追求快速达到效果而白白消耗精锐的士气。等到时机成熟,就如瓜熟蒂落一样,自然可以轻易地一举成功。

人生是一场旷日持久的战争,胜败绝非一朝一夕之事。胜利从来都不是随随便便就可以得到的,想要赢得这场持久战,就要学会忍耐和坚持。

曾国藩对于"耐"字诀有很深的体悟。

曾国藩的一生可以划分为四个时期,其中从1852年到1864年的12年间,是曾国藩的艰难成长时期,也就是他自己所说的"咬牙之日"。在这12年间,曾国藩受到朝廷非常大的压制。当时,八旗兵、绿营兵是朝廷所有的正规武装力量,也是朝廷安身立命的所在。但是曾国藩打造的湘军,是另外一种体制,它与朝廷的政策格格不入。

同时,曾国藩的湘军让皇帝感受到了威胁。最初,曾国藩带领湘军收复武汉,咸丰皇帝收到捷报之后非常高兴,说想不到一个书生也能立此大功。但是后来经大臣提醒,皇帝意识到,曾国藩在没有实际职务的时候都能振臂一呼而众将响应,如今收复了武汉,下一步收复南京,如果曾国藩有不轨之心,一举挥师北上,朝廷就不保了,于是便开始压制曾国藩。

曾国藩一边要真枪实弹地和太平军斗争,一边要与一直压制他的朝廷最高层进行高智慧的较量。然而,在这样的背景下,他却一直咬牙忍耐,历尽艰难,甚至劫难,从来没有想过放弃。最后,事实证明,曾国藩胜利了,并最终走向了成功,这12年也是

他最不平凡的十二年。

人生的长河中，每个人都会遇见一些旋涡，它们会阻止你前进，甚至会让你有翻船的危险。但是，这里从来都不是人生的终点。这时，我们需要做的就是奋力走出旋涡，或者重新建造一艘更加坚挺的帆船，重新起航，驶向最终的成功。

新东方创始人俞敏洪也是一个懂得持久战的人。

他曾经在演讲的时候问过同学们一个问题：你认为是马走的路多还是骆驼走的路多？很多人理所当然以为是马，因为马跑得快。但是他给出的答案却恰恰相反，骆驼走的路要远远比马多，因为马跑一会儿就会停下来，而骆驼一旦开始走，如果不让它停，它就会一直走。

俞敏洪一直将自己定位于勤奋的骆驼，他前行得不快，但一直在前行。

俞敏洪的生活中有很多低谷期，但是他都坚持下来了。他曾经连续参加了三年的高考才拿到北大的录取通知书，进入大学之后却一直都是班里的倒数几名；他曾经因为不会说英语而被调侃；他曾经连续5年申请出国留学未果，现在却拥有十几个国家的永久签证……

俞敏洪在毕业感言中这样说道："同学们，大家都很厉害，我追了大家5年都没追上。但是请大家记住了，扮演一个骆驼的同学肯定不会放弃自己，你们5年干成的事情我干10年，你们10年干成的事情我干20年，你们20年干成的事情我干40年，实在不行，我会保持心情愉快，身体健康，到了80岁把你们一个个送走了我再走。"

在俞敏洪那里，人生的成功从来都不是一时一地的事，而是一场持久的较量。正是有这样的认识，他才能在绝望中寻找希望，永不放弃。

人生，不仅会有坎坷，更会有低谷期，将你困在茫茫黑暗中，让你看不见未来。但是,即使这样,也要坚持前行,不要停下。要记住,黑夜给了我们黑色的眼睛,是为了让我们寻找光明。

人生,就是要永不止步!